大都市圏郊外の
新しい政治・行政地理学

米軍基地・環境・ジェンダー

新井智一

日本評論社

まえがき

　現在，日本は人口減少の局面を迎え，高度経済成長期以降一貫して人口増加を続けてきた大都市圏郊外もその例外ではない。今後予想される人口減少を前に，郊外の地方自治体（基礎自治体）では人口の流入につながるような再活性化を模索している。現時点での数少ない成功例として，千葉県流山市は市のブランド化やイベントの開催などを軸とした「シティセールス」事業によって，「子育て世代」の流入に成功している。

　また，そうした「子育て世代」をめぐっては，保育所の整備が郊外の地方自治体の大きな課題とされている。ここでは待機児童数が，課題への取り組みの程度を表す指標の一つとされ，その数は地方自治体により異なる。こうしたことから，保育所入所は子育て世代にとってある種の競争となり，就活（就職活動）などの言葉になぞらえて，「保活」（保育所入所のための活動）なる言葉も生まれている。地方自治体こそが保育所整備の「壁」となっていると指摘する識者もいるものの，善かれ悪しかれ，人口減少を前に地方自治体の果たす役割は小さくない。

　一方，人口減少が現実となれば，これまでのような郊外の都市基盤整備のあり方も修正を迫られるかもしれない。哲学者の國分功一郎は『来るべき民主主義』（國分 2013）で，東京の郊外にある小平市の都道整備をめぐる住民投票運動に参画し，そもそも今後の交通量の減少が見込まれる中で，こうした道路計画に必要性が認められるのかということと，「行政」体である東京都が事業を決定し，これに対して住民を主権者とする現行の「民主主義」が異議申し立てできないことを問題であるとする。國分の主張からすれば，本来ならこうした問題でも地方自治体の役割は大きいものであるべきとなる。

　その上で，國分は住民投票制度の充実を訴えるが，立法機関としての地方自治体（基礎自治体）議会のあり方は議論されなくてよいのであろうか。前述の「シティセールス」や保育所整備のように，郊外の地方自治体の施策がクローズアップされることは昨今多いものの，本来それを「決める」唯一の

機関である地方自治体議会が何をしているのか，どんな役割を果たしたのか，どのような議論をしたのかということには，あまりスポットライトが当てられない。

そもそも政治学や社会学の分野でも，地方自治体の特定の政策や施策について，議会での議論を含めて検討したものは管見の限り非常に少ない。そこで本書は，これまであまり注目されてこなかった地方自治体議会に主たる焦点を当て，郊外が直面してきた行政課題に対し，どのような議論が行われてきたのかを明らかにしたい。

高度経済成長期以降の東京大都市圏郊外は，ベッドタウンという言葉に象徴される居住の場であるだけでなく，生産の場でもあり，郊外の工場は地方自治体に多額の税収をもたらした。しかし，グローバル化に伴う製造業の不振は，税収の減少やさらには工場の撤退という問題を地方自治体に突きつけている。

また，郊外における多くの地方自治体の財政状況が悪化する中，かつての人口急増期に建設されたさまざまな公共施設が老朽化を迎え，その建て替えが課題となっている地方自治体も少なくない。

一方，東京大都市圏郊外はとくに神奈川県を中心に，多くの在日米軍施設が所在する地域でもある。こうした施設が所在する地域では，軍用機の騒音などをはじめとする「基地公害」という課題を抱えてきた。

社会学者の若林幹夫は，郊外には人がそこに住み続けることによって生み出される「広い意味で『思想』と呼んで良いものの厚み」や郊外化の歴史の中で社会経済的な状況などに規定されて形づくられた「古い層」による「重層性」と，開発時期や鉄道からの距離などが各住宅地にもたらす「多面性」があることを，鉄道沿線の住宅地の観察を通じて示した（若林2007）。また政治思想史の原 武史は，おもに郊外の団地自治会の資料をもとに，それぞれの私鉄沿線において団地住民の政治思想が醸成されてきたことを明らかにした（原2012）。こうした郊外論の成果にならい，本書も「古い層」を遡るアプローチによりながら，これらの研究がそれほど着目しなかった点，すなわち各層が地方自治体議会とのかかわりの中でどのように形づくられたのかを明らかにしていく。

本書は，政治学や社会学でほとんど研究例のみられない領域を，政治地理学という学問分野の観点から扱っていく。政治地理学とは，ある現象や問題をめぐる「政治」や「行政」が，それが展開されている場所とどのようなかかわりを持つのか，あるいはそうした「政治」や「行政」がその場所の特徴をどのように形づくるのか，さらにはそうした「政治」や「行政」が，その場所を取り巻くさまざまな空間スケールのプロセスで展開されている「政治」や経済とどのようなかかわりを持つのか，こうしたことを考える学問分野である。

　日本の政治地理学は，政治地理学＝地政学というイメージに代表される負の遺産を「忘却」しながらも，後述する英語圏人文地理学の理論的動向を摂取し，ローカル・スケールの研究を中心に再活性化を果たした。加えて，「政治」を切り口にした地域の記述は，自然から社会までの諸事項を網羅した伝統的な「地誌」とは異なる，新しい地域の記述の可能性を切り開いた。

　本書も，そうした新しい政治地理学の流れに立ちながら，政治を切り口にした新しい地域記述のあり方を示そうとするものである。そこでまず，日本の政治地理学が再活性化するまでの過程を，これまで一緒に扱われることの多かった政治の地理学と行政の地理学とを区別しながら，詳しく述べておきたい（地理学を専門としない読者は，序章の第1節・第2節を読み飛ばし，第3節「本書の目的および政治地理学と接点を持つ重要な概念」に進んでも構わない）。

コラム①

政治とは何か，行政とは何か

　「政治」とは何であろうか。このことを考えるとき，まず辞書の定義を引用することから始める本は多いけれども，身近な出来事から考えてみるという方法もあるかと思うので，ここでは 2015 年の日本で見られた 3 つの身近な論争を挙げてみたい。1 つは，2011 年の東日本大震災以降，原子力発電所の再稼動を進めるか，あるいは「脱原発」かが大きな争点となっていること。2 つ目として，2015 年 5 月に大阪市で「大阪都構想」をめぐる住民投票が行われたこと。そして 3 つ目に，いわゆる「安保法案」が国会に提出され，集団的自衛権の行使が憲法違反であるかどうか議論されたこと，である。

　国会周辺では現在でも脱原発デモが定期的に行われている。どちらの政策が正しいかをここでは問わないにしても，脱原発を求める声はある程度の大きな声であるといい得る。「大阪都構想」の住民投票では，反対票数が賛成票数を上回り，「大阪都」は構想のままで終わることになった。ただし興味深いのは，若年層では大阪都構想を支持する人が多く，中高年層では少ないという傾向が見られたことである。集団的自衛権の行使をめぐっては，多数の憲法学者が安保法案を「憲法違反」であるとの見解を示している。

　わたしは，誤解を恐れずに言えば，政治とはつまるところ「決めること」であると考えている。上に挙げた 3 つの論争は，日本の原子力発電所をどうするか，大阪市の将来をどうするか，日本の安全保障をどうするか，を「決めること」である。そして，「政治」を研究するということは，ある物事をだれがどのようにして決めたのかを明らかにすることである。

　有権者が投票やその他の手段によって「政治」にかかわろうとすることを政治参加と言う。2015 年の統一地方選挙では投票率の低さが問題とされた

が，脱原発デモや「大阪都構想」の例から見れば，決して有権者の政治参加が低調であるとも言い切れない。ただし脱原発をめぐっては，政府は原発の再稼働を進める姿勢を崩していない。選挙やデモで意思表明はできるものの，最終的に「決めること」に関与できるのはある特定の人間である。

　ここから，「決めること」にだれがかかわることができるのかを司るのが「権力」であるといい得る。ごく一握りの人しか「決めること」にかかわれないのは独裁政治であるし，後の章で示すように，政治家だけでなく主婦や住民団体などが「決めること」に直接・間接にかかわっている地方自治体もある[1]。

　「大阪都構想」の住民投票後，相対的に数の多い中高年層が若年層の声をかき消しているのではないかとする，「シルバー・デモクラシー」という言葉がにわかに注目された。シルバー・デモクラシーが本当に存在するかどうかをここでは問わないにしても，「大阪都構想」に賛成した若年層の人は，反対した中高年層が「権力」を握っているかのように思えたのであろう。また，「安保法案」の例にしても，衆議院で絶大な勢力を保っている与党は，テレビで見るかぎり強引に法案を成立させた。

　くり返すと「権力」とは，「政治」すなわち決めることにおいてだれの声がそれを支配するのか，ということである。このことからも，「政治」と「権力」とが切り離せない概念どうしであるとわかる。

　一方，国から地方自治体に目を転じると，「政治」と同じように広く用いられる言葉として，「自治」がある。さきほどのわたしの「政治」の定義を引き継ぐことが許されるならば，「自治」とは自分たちで決めることであり，

「地方自治」とは，地方自治体の住民自らで決めること，となる。

　ここで，地方行財政の地理学の教科書をひもとくと，地方自治は一般に，住民による自己決定・自己統治という「住民自治」と，一定の地域に設立された団体が国や他の団体からその事務をめぐって一定の自律性を有するという「団体自治」の二つによって構成される（神谷ほか2012：1）。これに従えば，わたしの「地方自治」の定義は，前者の住民自治に相当することになる。一方，後者の団体自治には，「その事務をめぐって」とあるように，「行政」に近い定義が与えられている。ここから，日本では「地方自治」という言葉と「地方行政」という言葉が厳密に区別されていないように思われるのである。このことは，さきほどの教科書（神谷ほか2012）に「地方行政」の定義が示されていないことや，地方自治論の教科書として広く用いられている『ホーンブック　地方自治』（礒崎ほか2014）などの目次を見てもわかる。

　ここで「行政」とは何か，ふたたび誤解を恐れずに述べると，「政治」が「決めること」であるゆえ，「行政」とは，「決めたこと」を行うこと，であるとわたしは考えている。「政治とは希少価値の配分である」（猪口2000：577）とするイーストンの定義や，ラスウェルが自らの著書を「誰が，何を，いつ，どのようにして得るか（Who gets what, when, how）」（スミス1985：3）と名づけたことを思い出すと，一般に「政治」と「行政」の定義の違いはあいまいである。けれども本書では，「行政」を「政治と対比して職業行政官および彼らが構成する行政機関の活動としてとらえる概念」（村松1991：188，傍点引用者）とする定義にならい，「政治」と「行政」をある

程度区別して考えたい。

　序章では，日本の政治地理学が再活性化するまでの過程を，これまで一緒に扱われることの多かった政治の地理学と行政の地理学とを区別しながら，詳しく述べる。そのために，このコラムで「政治」と「行政」についてゆるやかに定義しておく必要があった。

1　ここで念のために，「権力」をめぐる政治学の定義をひもといておきたい。米国の政治学者ダール（R. Dahl）による「AがBに対して，Bが本来やりたくない何かをさせることができる時，AはBに対して権力を有する」（杉田 2000：309）とする有名な定義を除けば，同じく米国の政治学者ラスウェル（H. Lasswell）は権力を，「決定の作成への参与」（伊手 1991：536，傍点引用者）ととらえる。「決定」とは「価値剥奪を伴う政策」であり，ここから米国の政治学者イーストン（D. Easton）の有名な定義，「政治とは希少価値の配分である」（猪口 2000：577）を思い出せば，わたしの「政治」と「権力」の定義もあながち的外れではないかもしれない。

目次

まえがき　*i*

コラム①　政治とは何か，行政とは何か……………………………………………*iv*

● 序章
戦後日本の政治地理学・行政地理学……………………………1
　1. 戦後日本の政治地理学……………………………………………………1
　　（1）地政学・国家を対象とした政治地理学　1
　　　1）第二次大戦中の日本の地政学は
　　　　　どのように総括されたのか　1
　　　2）国家を対象とする研究がなぜ現れなかったのか　4
　　（2）ローカル・スケールの政治地理学　5
　　　1）英語圏人文地理学における文化論的転回　5
　　　2）日本の人文地理学における政治性への着目　8
　2. 停滞の続いた日本の行政地理学…………………………………………9
　　（1）行政区域の研究　9
　　（2）行政サービスの研究　12
　3. 本書の目的および政治地理学と接点を持つ重要な概念…………………14
　　（1）環境正義　14
　　（2）ポリティカル・エコロジー　15
　　（3）ジェンダー　17
　4. 本書の方法と構成…………………………………………………………18

コラム②　地方自治体の議会・議員・会議録……………………………………22

第1部　グローバル化をめぐる大都市圏郊外の議会と行政

● 第1章
グローバル化がもたらした郊外の都市合併……………………26
―― 東京都旧田無市・保谷市
　1.「平成の大合併」をめぐる政治地理学的研究の意義…………………26
　2. 田無市と保谷市の都市化と革新市政……………………………………28
　　（1）都市化・工業化と「新住民」の増加　28
　　（2）都市化に伴う公共施設の建設　31
　　（3）革新市政の発足　33
　　（4）対照的な両市の財政　35

    3. 田無市と保谷市の合併をめぐる政治過程……………………39
      （1）合併問題の再燃　39
      （2）合併問題をめぐる住民や利益団体の動き　41
    4. 田無市と保谷市の合併促進要因………………………………43
      （1）田無市における新自由主義的市政運営と
          田無駅北口再開発　43
      （2）田無市の工業におけるグローバル化の影響　45
    5. まとめ──グローバル化が後押しした行政主導の合併………49

● 第2章

東京大都市圏郊外周辺部における最後の「開発型合併」……55
──東京都あきる野市

    1. 秋川市・五日市町の合併と秋留台開発……………………55
      （1）合併までの過程　55
      （2）秋留台地域総合整備計画　58
    2. あきる野市発足後の課題 …………………………………61
      （1）産業立地と就業人口　61
      （2）秋川駅周辺の商業環境と秋留台計画の凍結　63
    3. まとめ──尾を引く最後の「開発型合併」…………………66

コラム③　東京大都市圏縁辺部における
        グローバル化の影響と町村合併………………………68
        ──茨城県鹿島臨海工業地域

第2部　米軍基地をめぐる大都市圏郊外の議会と行政

● 第3章

郊外の在日米軍基地所在都市における文化と政治……………78
──東京都福生市

    1. 「軍事のグローバル化」と郊外の在日米軍基地所在都市…………78
    2. 在日米軍基地に関する従来の研究 ………………………79
    3. 在日米軍基地所在都市の文化・政治をめぐる研究視角 ………80
    4. 横田基地にまつわる地域経済の形成…………………………82
      （1）米軍人を主要客とした歓楽街の形成　82
      （2）ハウス地区の形成　86
      （3）横田基地前商店街の形成　88

5. 基地縮小に伴う地域経済の停滞……………………………89
　　　　（1）『限りなく透明に近いブルー』に描かれた
　　　　　　ハウスと福生　89
　　　　（2）福生の丘の上と下　91
　　　　（3）横田基地前商店街の衰退　93
　　6. 「基地の街」の新たな表象の形成……………………………94
　　7. 福生市政と横田基地………………………………………99
　　　　（1）福生市の都市基盤整備と横田基地　99
　　　　（2）福生市の政治的保守性　104
　　8. まとめ──横田基地をめぐる「場所の政治」………………106

● 第4章

騒音と補助金……………………………………………………111
──郊外の「基地公害」をめぐる政治

　　1. 郊外の在日米軍基地所在地域を対象とする意義……………111
　　2. 軍用機騒音問題の発生……………………………………113
　　　　（1）横田基地所在自治体の政治的対応──昭島市　113
　　　　（2）横田基地所在自治体の政治的対応──昭島市以外　117
　　　　（3）横田基地公害訴訟　120
　　3. 軍用機騒音の実態と補償…………………………………121
　　　　（1）軍用機騒音の実態　121
　　　　（2）横田基地関連補助金　122
　　　　（3）昭島市政と横田基地関連補助金　124
　　4. まとめ──非領域的な騒音に対する領域的な補償…………127

第3部　大都市圏郊外の政治・行政をめぐる新しい論点──環境・ジェンダー

● 第5章

郊外の新ごみ処理場建設場所をめぐる「環境正義」…………132
──東京都小金井市

　　1. 郊外の新ごみ処理場建設場所をめぐる問題を
　　　検討する意義………………………………………………132
　　2. 「受益圏・受苦圏」研究を超えて……………………………133
　　3. 小金井市における新ごみ処理場建設問題…………………135
　　　　（1）二枚橋処理場の閉鎖と新ごみ処理場建設問題　135
　　　　（2）2候補地の問題点　138

xii

4. 新ごみ処理場建設問題をめぐる議論································143
     (1) 二枚橋処理場の建替えをめぐる政治的対応　143
     (2) 新焼却施設場所選定等市民検討委員会　145
     (3) 組合解散をめぐる東京都の調停　146
  5. 二枚橋処理場跡地に決定した要因································148
     (1) 新処理場問題への小金井市民の関心の低さ　148
     (2) 2候補地の近隣住民による対応の違い　151
     (3) 市民検討委員会における処理方式についての
         議論の棚上げ　153
  6. まとめ──小金井市の新処理場建設場所をめぐる
     「環境正義」································154

コラム④　小金井市の新ごみ処理場建設場所をめぐる問題の顛末··············158

● 第6章
地下水をめぐる「ポリティカル・エコロジー」································160
── 山梨県北杜市白州町

  1. 「水の商品化」と郊外································160
  2. 白州町における水関連企業の集積································162
     (1) 白州町の概要　162
     (2) 白州町における水関連企業　164
  3. 地下水をめぐる議論と行政の対応································168
  4. 水関連企業集積の影響································171
     (1) 水関連企業の工場従業者数　171
     (2) 地下水位への影響　172
  5. 地下水利用の政治的・経済的背景································175
     (1) 白州町議会の構成　175
     (2) 白州町の企業誘致　176
     (3) 水関連企業と観光　177
  6. まとめ──町外企業が左右する白州町の地下水のゆくえ········181

● 第7章
40年にわたる郊外の女性運動からみえる市政と「ジェンダー」……………185
── 旧田無市・保谷市の「どんぐり会」

1. 女性のエンパワーメントと郊外……………………………185
2. どんぐり会の運動の展開………………………………188
   (1) どんぐり会の結成　188
   (2) 都市化の中でのどんぐり会　190
   (3) 市政への住民参加の追求　195
3. どんぐり会の運動の特色……………………………………197
4. どんぐり会の解散とその要因……………………………199
   (1) 田無市の社会教育行政と政治体制の変容　199
   (2) 中心的会員の高齢化とジェンダー　202
5. まとめ──郊外の「主婦たちの運動」の成果と限界……………204

文　献　　208

あとがき　　221

序章

戦後日本の政治地理学・行政地理学

1. 戦後日本の政治地理学

(1) 地政学・国家を対象とした政治地理学

1) 第二次大戦中の日本の地政学はどのように総括されたのか

　第二次大戦後まもなくの日本では，ごく少数の地理学者を除き，地政学に対する根本的な反省がなされなかった一方，公職追放によって当事者が処分されたこともあり，地政学は安易にネガティヴ・タブーとされた（竹内 1974：169）。政治地理学の教科書が新たに刊行されるのは，1957年の国松久弥による『政治地理学概論』（国松 1957）や，1958年の岩田孝三による『政治地理』（岩田 1958）まで待たなければならなかった。

　前者は，政治地理学の目的を「政治的地域構造（国家を中心とする政治地域の位置，大いさ（ママ），形態）の成立と変動の解明」（国松 1957：15-31）にあるとし，ローカル・スケールに対する関心はまったくない。一方後者は，米国のハーツホーン（R. Hartshorne）やジョーンズ（S. Jones）の理論をはじめとする，国家にかかわる政治地理学理論と世界の政治地誌からなる。ここでは，米国で「内国政治地理」が唱導され始めたことを引き合いに，地方の問題を分析する必要性も論じているものの，それは「国内の政治地理的な諸問題はその国家の個性となり，有機的に国家の国際関係に関連してくる」（岩田 1958：はしがき2）からであり，あくまで国家に回収されるものであった。

1968年に刊行された『政治地理学』（木内 1968）も，おおむね国家にかかわる政治地理学理論と世界の政治地誌から構成されていた。政治地理学の教科書がこうした構成をとるのは，地理学が系統地理と地誌からなり，政治地理学理論が前者に，世界の政治地誌が後者に対応するという考え方による（岩田 1958：はしがき 3）。1974年の新版では「政治と地域－地方行政区・選挙区の問題」（清水 1968）の節がなくなり，ますます国家中心の色が濃くなった。

　岩田は1959年の日本政治地理学会発足の中心となり，翌1960年に『政治地理　第Ⅰ集』（日本政治地理学会 1960）が刊行された。この機関誌に収録された論文は，理論的なものから国際情勢報告までさまざまであり，そうした傾向は1971年刊行の第Ⅳ集まで変わらなかった。

　このように1960年代，日本の政治地理学が一時的に活性化する中で，2つの疑問が生じる。まず，第二次大戦中の日本の地政学はどのように総括されたのであろうか。国松は，前述の『政治地理学概論』（国松 1957）で地政学という言葉をまったく用いていないし，岩田も『政治地理』（岩田 1958）と『政治地理学』（木内 1968）で日本の政治地理学の動向をまとめているものの，自らも関与した地政学については一切触れていない。

　当時の日本の政治地理学，少なくとも日本政治地理学会の中では，地政学について考える上で2つの傾向があった。一つは，「国家は『人体とも例えられる有機体である』という考え方が政治地理学の出発点である。それゆえ政治地理学は国家有機体説である」（岩田 1958：2）と岩田が述べているように，依然として国家を有機体ととらえる傾向と，いま一つはチェレーン（R. Kjellén）の地政学がハウスホーファー（K. Haushofer）やナチスとのかかわりによって変質したととらえる傾向である（岩田 1958；西田・近田 1963；椙村 1968）。戦後まもなくの西ドイツの地理学でもそのようにとらえられてはいるものの，一方でトロル（C. Troll）に代表される地政学への言及は，ラッツェル（F. Ratzel）の生物学的有機体説が戦前のドイツの学界ですでに克服されていたとするなど，苦渋に満ちた「批判と弁明」でもあった（竹内 1974：171）。これに対し，日本の政治地理学における「チェーレン（ママ）によって体系づけられた純粋科学としてのGeopolitik，大地との関係において

国家ならびに政治現象を追究していく」べき（西田・近田1963：27）とする主張からは，ラッツェルの説を真剣に検討した形跡は見出せないのである。

　以上から，1960年代までの政治地理学の対象は，有機体として活動する国家であり，諸国家などが構成する政治地域の特徴を明らかにすることがその目的であったといえる。国家を有機体と考えるから，国家内部の地方自治体は国家を構成する細胞のようにとらえられ，それらが自律的に活動することは想定されなかった。岩田が，「求心力」と「遠心力」からなるハーツホーンの国家統合理論に触れつつ，「国家が，その領土のあらゆる部分で国家を組織しようとする企てはどうしたらよいか。最も簡単にいうならば，国内の政治関係に完全にして絶対な支配を及ぼすことである。地方政治制度は，中央の全体的政治組織への概念や制度に一致するものでなければならない」（岩田1958：72）と述べたように，地方政治のプロセスに関心が払われないのも当然であった。

　1970年代に入ると，ラッツェルの国家有機体説や位置・空間概念が再検討・再評価されたものの（水津1971；山野1972），森滝（1971）は，立地論と地域科学に見られる物理的・力学的発想と地政学の生物学的発想とが，いずれも極度の自然科学的アナロジーに立脚している点を，また水岡（1974）は，水津によるラッツェルの再評価や水津の地域論を地政学と結びつくものとして批判した。

　こうした批判は，日本の高度経済成長の裏での公害や過疎に代表される「地域問題」（森滝1971：16；水岡1974）を生み出す資本主義と地政学的思考との結びつきに対してであった。竹内（1974：190-191）も，日本地理学会会長が「地理学の応用」という体制的要請にこたえて，地政学を正当化するような演説をしたことを引き合いに出しつつ，地理学の「応用」または「実践」に関する無反省，無関心が，戦後もゲオポリティク（古典的地政学）を存続させていると指摘した。国家・資本主義・地政学の相互関係は，すでに小原敬士によって第二次大戦中に指摘されていたものの（竹内1974：185-186），1970年代にマルクス主義に立脚する森滝や水岡が取り上げるまで，戦後日本の政治地理学において再確認されることはなかった。こうした批判に対し，多くのメンバーが地政学的思考を持ち続けていた日本政

治地理学会は，1970年の岩田の定年退官による影響で休会し，地政学の反省をめぐる議論は深まらなかったのである。

2）国家を対象とする研究がなぜ現れなかったのか

次なる疑問として，1960年代まで国松や岩田によって国家を対象とした研究が唱導されてきたものの，そうした研究が一向に現れなかった理由は何であろうか。英語圏の政治地理学は一般に論理実証主義的モデルに馴染まなかったことから，1970年代まで不振の時期が続いた（竹内1986：531）。マッキンダー（H. Mackinder）やマハン（A. Mahan）の地政学も，第二次大戦後の政治地理学に与えたインパクトは非常に小さかったとされる。長距離爆撃機とミサイルによって地理的距離が克服された状況下で，空間関係の意味が薄れ，地政学の一時的後退が見られた（竹内1986：527）。

その一方で，第二次大戦後まもなくの米国のケナン（G. Kennan）や，1960年代末以降のキッシンジャー（H. Kissinger）など，政治家・外交官による地政学的言説は継続的に見られ，地政学が忘れ去られることはなかった。とはいえ，日本は日米安全保障体制の下，その外交政策は米国に追従し，ソ連や中国とはにらみ合うのみであったから，日本独自の国家を対象とした国際関係論的研究が生まれることはなかったと考えられるのである。

日本政治地理学会の休会以降，日本の政治地理学は停滞し（山﨑2001：533），米国政治地理学のシステム論的モデルの導入を図ったジャクソン（W. A. D. Jackson）の訳書『政治地理学』（ジャクソン・横山1979）の刊行も，日本の政治地理学には大きな反応を呼び起こさなかった。

ところで英語圏の政治地理学では，1980年代に入るといわゆる「計量革命」の洗礼を受けた世代が選挙研究を通じて政治地理学を活性化させた（竹内1986：531）。とくにテイラー（P. J. Taylor）は，ウォーラーステイン（I. Wallerstein）の世界システム論に依拠し，世界経済・国民国家・地方の三層スケールという空間構造から国際・国内政治の歴史的動態をとらえる政治地理学を体系化した（山﨑2001：539）。ここから，世界経済や国民国家にかかわる論点として，国際政治経済の動態を空間的・地理的視角から検討する「新しい地政学」が生まれた。それらはたとえば，1980年代以降，世

界システム論における「覇権」を米国の後にどの国が握るのかを検討したり，また1991年の湾岸戦争以降は，アジア太平洋における米国と日本の役割を実証的に検討したりするものであった。その一方で，古典的地政学や地政学的思考を再検討する「批判地政学」も生まれた。

しかし日本の政治地理学では，1993年に国際地理学連合の地域会議「アジア太平洋とグローバルな地政学的変化」が東京で開かれたものの，マクロ・スケールの政治経済的な構造変化を明示的に研究視角に取り込み，「新しい地政学」を活発化させるきっかけとはならなかった（山﨑2001：537）。日本人による日本の政治経済を対象とした「新しい地政学」研究は，2001年の米国同時多発テロ以降における日米安全保障体制の再強化が，東アジアにおける緊張を緩和し紛争を解決する最善の方法であるのか，疑問を呈す山﨑（2005a）が挙げられる程度であり，「批判地政学」研究には，男性国会議員の発言に地政学的思考やジェンダーを読み解いた村田（2002）や，2001年の米国同時多発テロ後のブッシュ大統領の演説を読み解いた髙木（2005）がある。

(2) ローカル・スケールの政治地理学
1) 英語圏人文地理学における文化論的転回

地政学や国家を対象とした日本の政治地理学研究と同様，1980年代まではローカル・スケールのそれも低調であった。次節で述べるように，行政区域をめぐる行政地理学的研究はある程度活発であったものの，「決めること」を追究した研究，言い換えれば，政治過程やさまざまなアクターに着目した政治地理学的研究はほとんど見られなかった。

もっとも，「政治」や「権力」という視点が欠けていることは日本の人文地理学全体に言えることであり，竹内（1986：537）が言うように，「第二次大戦後の日本の地理学の研究と教育とは，経済地理的な内容，しかも，現代の社会科学の名には到底値しないような俗流的な観点からのそれに，余りに強く傾斜していて，地理学としての体系化を怠りがちであった。それは，政治および文化が空間組織形成においてもつ深い意味を把握しようとしない知的後進性をうみだすことになった」。

むしろ日本の政治地理学におけるローカル・スケール研究の活性化は，日本の文化地理学や社会地理学における「文化論的転回」やポスト構造主義理論の導入とかかわっている。もちろんこうした動きでは英語圏の人文地理学が先行しているので，まずこれらについて説明したい。

　前者の「文化論的転回」については，1980年代の英語圏で，文化景観の記述と解釈を中心とする伝統的な文化地理学が批判されたことに端を発する。ここでの批判は，伝統的文化地理学では人間の主体的な行動や文化を変革する主体としての個人の役割が軽視されていると同時に，文化という名によって集団の内部における均質性あるいは均質化が仮定され，それゆえ人間集団内部の多様な差異が隠されているというものであった（久武2000）。

　一方，英国では1980年代のサッチャリズムにおける政治的不寛容を背景に，カルチュラル・スタディーズが再活性化した。カルチュラル・スタディーズは，民家からバラードにまで及ぶ大衆文化研究であり，文化が社会的に構築されるとする視点を持ち，そのイデオロギー的側面を追究する。カルチュラル・スタディーズと文化地理学との接合が図られた結果，「新しい文化地理学」が生まれた（ジャクソン1999）。

　「新しい文化地理学」は，文化を政治的なものとみなし，ジェンダー・セクシュアリティ・アイデンティティといった人間集団の中の差異に着目する。また，場所や地域の表象，伝統や風景の解釈を，単に景観によって行うのではなく，それらをめぐるテクストの読解によって行おうとする（Mitchel 2000）。新しい文化地理学の研究には，小説・新聞・音楽といったさまざまなメディアによる場所イメージの形成を論じたバージェス・ゴールド（1992），政治経済的支配層の新聞と地方新聞がそれぞれインナーシティの異なる表象を行っていることを論じたMartin（2000），都市計画者・企業・政治家・新聞が一体となって未来のバンクーバーを表象し，その都市再開発を推進したことを論じたMitchel（1996）などがある。こうした研究は，前述の文化概念を，外部からの表象を交えながら明らかにしている点が特徴の一つである。

　後者のポスト構造主義理論の導入については，計量革命によって生まれた「新しい地理学」を批判するかたちで，1960年代末の欧米に「ラディカル地

理学」という新しい潮流が生まれたことに端を発する（竹内1980）。ここでは，スミス（D. M. Smith）のような空間的不公平の地理学的実証主義に立ち政策指向を有する英国の地理学者と，ハーヴェイ（D. Harvey）のような資本主義的生産様式の矛盾を理論化する北米のそれとで立場が異なるものの，主に都市を対象として研究を展開した（スミス1985；ハーヴェイ1980）。両者の立場をまとめ，1980年代より現在まで版を重ねる教科書である『都市社会地理学』も刊行された（ノックス・ピンチ2013）。

　一方，ハーヴェイやマッシィ（D. Massey）は1980年代以降，ポストモダンへの関心から，政治経済アプローチによる地理的差異の研究に取り組み始めた（大城ほか1993：93）。その結果，マッシィは『空間的分業』（マッシィ2000）で，「同じ投資循環であっても，異なる既存の構造との結果として，それぞれの地域に異なった効果を及ぼす」（大城ほか1993：93-94）ことを明らかにし，ここから英国の地理学では社会学者ギデンズ（A. Giddens）の構造化理論を援用し，地誌学の再構築を図る「新しい地誌学」と呼ばれる動きが生まれた。「新しい地誌学」は，グローバルな政治経済構造とローカルなレベルでの問題を連関させるものであり，これは前述のテイラーが人文地理学に援用した世界システム論の視点と符合した（山﨑2001：539）。とくにクック（P. Cooke）を中心としたCURSプロジェクトにより，英国内各地域における工業のグローバル化に対する影響の事例研究が蓄積され，こうした研究はロカリティ研究と呼ばれた（Cooke 1989）。

　ところで前述のように，英語圏の政治地理学は1980年代に入ると選挙研究を通じて活性化し始めた。選挙の地理学研究では近隣地域を，個人としての有権者の政治的指向性に影響を及ぼす地理的環境とみなしている（山﨑2001：547）。こうした「公式・非公式に社会関係やアイデンティティが形成される地理的環境」である「場所」の存在を導出することが選挙の地理学研究の目的の一つであり，政治学の選挙研究と異なる点である。

　ジョンストン（R. J. Johnston）は，選挙における投票行動だけでなく，場所にもとづいたアイデンティティが，社会運動をはじめとする，人々のさまざまな政治行動を生み出すことを示し（ジョンストン2002），またアグニュー（J. Agnew）は，「場所」が，ロカール・ロケーション・場所の感覚，

からなるとした。「ロカール」は，日常的な社会的相互作用を生起させる環境，「ロケーション」は，その場所を超えたスケールの政治・経済的過程が場所にもたらすインパクトとみなされ，そして場所で生活することによって構築される自我あるいはアイデンティティを地理的かつ社会的に規定するのが「場所の感覚」とされる（山﨑 2001：550）。ミラー（B. Miller）やルートリッジ（P. Routledge）は，こうした要素からなる場所が社会運動をどのように媒介するのかを明らかにし（Miller 2000；Routledge 1992），場所と政治行動との関係をめぐる研究は，「場所の政治」研究と呼ばれるようになった。

2）日本の人文地理学における政治性への着目

一方，都市の不平等を明るみに出した1970年代の英語圏人文地理学と対照的に，日本の都市地理学では1980年代前半に都市の因子生態分析がさかんに行われたものの，そこから社会的不平等を問題提起する方向へは進まなかった。また，英語圏での政治地理学活性化のきっかけとなったテイラーの訳書『世界システムの政治地理（上・下）』（テイラー 1991・1992）の刊行も，日本の政治地理学でローカル・スケールの研究が活性化するきっかけとはならなかった。1993年に東京で行われた，前述の地政学会議をきっかけに，日本地理学会で政治地理学研究グループが発足し，メンバーの研究が『日本の政治地理学』（高木 2002）に収録されたものの，これもかつての『政治地理（第Ⅰ集～第Ⅳ集）』と同様に，政治地理学と行政地理学，理論的研究から地政学的研究を含むバラエティに富むものであった。

日本の政治地理学の動きとは別に，日本の社会地理学では1990年代以降，前述した英語圏の文化・社会地理学を積極的に追いかける動きが見られた。1991年には日本地理学会で「社会地理学の理論と課題」作業グループが発足し，大城ほか（1993）は1980年代後半の英国人文地理学の教科書に見られた理論的傾向をまとめ，1996年には，雑誌『空間・社会・地理思想』の刊行が始まった。以上の動きは，構造化理論に代表される英語圏のポスト構造主義理論や，ハーヴェイなどに代表される政治経済アプローチの紹介を通じて，日本の人文地理学に，権力や言説と空間との関係，エスニシティや

ジェンダーといった「差異」への着目を迫るものであった。

こうした課題をめぐる事例研究はまず荒山・大城編（1998）にまとめられ，その後の活発な研究への口火を切った。2000年代以降の研究は，私見によれば4つの傾向に分類できる。それらは，①ロカリティ研究・住民運動研究，②文化論的転回にまつわる研究，③政治経済アプローチにもとづく研究，④「場所の政治」研究である。

数多くの研究のうち一部を挙げると，まず①について，工業都市の産業面だけでなく生活者の側面からもその変化を追うためにロカリティ研究を援用した香川（2001）や，工業都市の環境をめぐる住民運動研究にロカリティ研究を援用した香川（2003）がある。

②の文化論的転回にまつわる研究は数多く，山口（2002, 2008）の「ストリートの地理学」研究，杉山（2002）の「若者の地理学」研究，阿部（2003, 2005）のフィリピン人エンターテイナーをめぐるエスニシティ研究がある。影山（2000），吉田（2006），村田（2009）などの「ジェンダー，セクシュアリティの地理学」研究については後述する。

③の政治経済アプローチには，ルフェーブル（H. Lefebvre）の「空間の生産」論に依拠し，関係者の言説を交えつつ「寄せ場」や「ギャンブル空間」という「場所」の社会的構築を明らかにした原口（2003）や寄藤（2005）がある。

そして，④の「場所の政治」研究には，沖縄県の国政選挙における革新票の分布から，米軍基地をめぐる社会運動を媒介する「場所」を導出した山﨑（2005b）がある。

2. 停滞の続いた日本の行政地理学

（1）行政区域の研究

一般に，行政地理学は政治地理学の下位分野として扱われることが多く，その動向は政治地理学の中で触れられることが多かった。そもそも，日本で行政地理学という学問分野が確立されてきたのは，21世紀に入ってからである。わたしは前述のように，政治を「決めること」，そして行政を，「決め

たことを行うこと」と考えている。この観点から，一緒くたに語られることの多かった政治地理学の流れと行政地理学のそれとを，あらためて区別しつつ検討してみたい。

　第二次大戦後，米国では「内国政治地理」が唱導され始めたとされ（岩田 1958），日本でも 1960 年代までに，林 正巳による市町村合併研究（林 1961）や岩田孝三による藩境の研究（岩田 1953）が見られた。前者は，1953 年の町村合併促進法に伴う市町村合併の全国的動向を精力的に報告したものであり，後者は，境をめぐる形態的な不合理や紛争についての歴史地理学的研究ともいえるものであった。行政区域やその境は，領域内の行政を展開するための基礎である一方，岩田や林の研究は，これらをだれがどのように「決めた」のかを明らかにするものではないため，政治地理学というより行政地理学研究とみなすことにする。

　林は，都市の行政区域の広域化をめぐる全国的動向を精力的に報告すると同時に（林 1974），現行の府県の行政区域がどのようにして確定したのかを歴史的文書から明らかにし，それらを『府県合併とその背景』（林 1970）にまとめた。同書の刊行とともに，日本地理学会のシンポジウム「行政区域の再編成と地理学的地域－道州制構想の是非を論ずる－」が林を中心に行われ，林は現状の府県区域が広域行政を妨げているとして道州制を主張した。しかし，林の報告には，広域行政が地域開発の効果を高め，国民の福祉に寄与するという主張の根拠が示されず，パネリストたちは道州制が財界から要請されている点や，日本の地方自治の現状が住民の発想による「自治」の性格よりも統治的視点による「行政」の色彩のほうが強い点などを指摘して批判した（西川 1971：136-139）。道州制に賛成の立場であると思われる座長の西川 治は，このシンポジウムの総括において，「単に公式的観念的自治権擁護論に固執せず，（略）現代の流動的社会において，住民の行動様式と現状の地方自治制度との関係を実地に多く比較考察すること」（西川 1971：139）などを今後の研究課題とした。

　日本では 1970 年代後半に入ると市町村合併はほとんど行われなくなったものの，こうした課題にこたえるように，1978 年には日本地理学会のシンポジウム「行政区域の広域化と地方自治の問題－独立町村を中心に－」が，

ふたたび林を中心に行われた。これは、「広域行政の世論の中で、これに背を向けつつ、自らの行政機能の向上、行政効果をあげている町村当局の実態などを明らかにする必要」から行われたものであり、ここでの実態調査は『町村の広域化と地方自治』（林・実1980）にまとめられた。

これ以降は、都市地理学で行政区域研究が継続的に見られ、中心地論や都市システムから広域市町村圏や府県行政所管区域を検討したものや（森川1989, 1990）、1960・1970年代の市町村合併後の市街地拡大・連坦について、新たに建設された公共施設などを指標として明らかにする都市構造研究があり、後者の一連の研究は『市町村合併と都市地域構造』（片柳2002）にまとめられた。

2000年代以降、「平成の大合併」が活発化する中で、森川 洋は行政区域を明確な線によって区切られコントロールされてきたエリアである「テリトリー」とみなし、「行政地理学」を、人口分布や都市システムからテリトリーを考察する学問分野とした。森川は『行政地理学研究』（森川2008）で、平成の大合併をこれらの指標から数的に分析し、また『「平成の大合併」研究』（森川2015）では、平成の大合併の全事例について、合併協議会の設置過程や都道府県による合併パターンの作成動向を網羅的に記述した。

しかし後の章で示すように、合併をめぐる政治過程はさまざまなアクターの関与と、経済的・歴史的背景を伴う。はからずも水内（2005：ⅰ）は、「戦後の政治地理学は、どちらかというと行政（域）の地理学であり、政治あるいはポリティクスという観点からはほど遠い、事実を精緻に明らかにする以上の学問的貢献の目立たない、政治が脱色された領域として細々と続いてきた。グローバルにもローカルにも、政治のメカニズムを射程に入れないあるいは無自覚な、空間をベースにした克明な事実記述、あるいは空間パターンの分析は、地理学の延命にはなっても、革新のうねりの原動力にはなりがたい」と述べている。森川の研究は平成の大合併をめぐる資料として価値を有するも、市町村合併の行政地理学的な研究は、前述の林による、昭和の大合併についての報告からあまり変化がなく、水内の指摘も乗り越えていないように思われるのである。

（2）行政サービスの研究

　前述の『政治地理　第Ⅰ集』の冒頭で清水馨八郎（1960：4, 5, 21）は，政治地理学の門外漢であることを自認しつつも，「戦前戦後を通じて政治地理学が境界の地理学に終始している」と批判し，「『住民の意志』が直接かかわらない『国家の意志』相互の問題は政治というより，国際問題でよ」く，政治地理学は国内の住民の生活に直接結びつく問題を対象とすべきであると主張した。「この立場に立たない限り政治地理学は，世界の国家間の大雑把な説明の科学として，またいつまでも環境決定論から逃れられず，地域社会の課題に答えられるような社会科学には到底成長できないであろう」とする清水は，そうした政治地理学の研究方法として，現象を地図化することの重要性を主張した。

　この批判のうち，「国内の住民の生活に直接結びつく問題」とは，行政の問題と言い換えても差し支えないであろう。しかし，清水は同様の批判を繰り返したものの（清水ほか1966；清水1968），地理学界に大きな反響をもたらさず，日本の行政地理学のうち，行政サービスの研究は1990年代までほとんど見られなかった。

　ところで前述のように，英国の人文地理学では，空間的不公平をめぐって地理学的実証主義に立ち，政策指向を有する研究が1960年代末より見られた。そのきっかけの一つが，社会福祉学のデービス（B. Davies）による「地域的公正」概念の導入であった。地域的公正とは，各地域のニーズに応じた各地域へのサービス配分がなされているか，ということであり，ニーズと配分が対応できているかを相関分析から判断する（神谷ほか2012：81）。こうした地域的公正の事例研究は，1980年代初頭までピンチ（S. Pinch）によって蓄積された（梶田2011a）。

　一方，ベネット（R. J. Bennett）は地方政府における税源と歳出ニーズとの格差を縮小するための財政調整制度や政府間補助金のあり方を追究し，財政地理学とよばれる分野を確立した。また，公共政策に関する雑誌 *Environment and Planning C : Government and Policy* を中心となって創刊し，各国の地方行政制度の比較研究に取り組んだ（梶田2011b）。

　しかし1980年代以降，地域的公正概念は，不平等を引き起こした根源的

な問題が何であるかということに踏み込んでいないと批判され，ピンチも『都市問題と公共サービス』（ピンチ 1990）では政治経済アプローチ，『福祉の世界』（ピンチ 2001）では人文主義的アプローチや文化論的転回の観点から不平等の要因をめぐる理論の紹介に努め，地域的公正概念や政策指向とは距離を置くようになった（梶田 2011a）。さらに 1990 年代に入ると，ベネットの関心も財政地理学から離れていく（梶田 2011b）。とはいえ，英国の人文地理学では，ブレア政権のアカデミズム重視の姿勢もあり，医学・健康地理学，公共政策研究などで政策への関与が継続的に見られる（梶田 2012a，2012b）。

地域的公正概念は，ピンチの『都市問題と公共サービス』（ピンチ 1990）の訳書により，日本の人文地理学に紹介された。しかし，地域的公正概念と政治経済アプローチは，杉浦真一郎による一連の高齢者福祉研究（杉浦 2005）を除き，日本の地理学における行政サービス研究が活性化する直接のきっかけにはならなかった。かわりに 2000 年代前半の「平成の大合併」政策が，地方財政，民間委託，ゴミ処理，保育，高齢者福祉をめぐる一連の研究の契機となり，これらは『地方行財政の地域的文脈』（神谷ほか 2012）にまとめられた。

ただし，英国における地方行政研究では，サッチャー政権下での「リストラクチャリング」を分析枠組みとしている研究が多いのに対し（新井・飯嶋 2000），日本の行政地理学では，国が主導する地方行財政の効率化を研究の前提としているものの，サービスの地域差や地域的特徴とその背景（＝地域的文脈）を明らかにすることにとどまっている。

また新井・飯嶋（2000：342）は，「最近では地方行政が複雑多様化したことにより，政治的な意思決定が個別の事務実施の細部にまでおよびえないという限界が生じており，公共部門職員が事務の実施を決定・判断することが増えていることが指摘されている」とする。たしかに，議会などの「政治」の場で，個別の行政サービスについて議論されることは少ないし，神谷ほか（2012）の各章でも「政治」に踏み込んでいるものは少ない。

そうは言っても，行政サービス研究から「政治」を切り捨て，地域差の「政治」的背景に踏み込まないのはどうであろうか。また，行政サービスに

対する住民の評価を分析する必要もないのであろうか。管見の限り，行政サービスのリストラクチャリングに対する住民の政治参加を取り上げた研究は宮澤（1996）を除き，見られない。行政サービスが専門的であるゆえ，その意思決定が自治体職員のみで行われ，「政治」を検討することが難しいにしても，行政サービスをめぐる住民の評価までを分析して初めて，「政治」とのかかわりが見えてくるのではないだろうか。現在の行政サービス研究でも，利用者による評価を検討しているものが少なく，サービス提供をめぐる資料をもらい，それを図表にまとめただけのような研究が多いように思われるのである（新井 2015）。

3. 本書の目的および政治地理学と接点を持つ重要な概念

「まえがき」で触れたように，本書は東京大都市圏郊外（外縁部を含む）が直面してきた行政課題に対し，地方自治体議会がどのような議論を行ってきたのかを明らかにする。それだけでなく，社会学をはじめとする隣接分野で扱われ，政治地理学と接点を持つ重要な概念を用いながら，そうした議論や政治を説明・解釈したい。

（1）環境正義

新ごみ処理場建設場所をめぐる問題を取り上げる第5章では，「環境正義」という概念に触れる。これは，一部の地域の住民が継続的に環境的不公正を受けるという問題について考えるための概念である（原口 1997；石山 1999）。

例を挙げれば，米国では黒人やヒスパニックなどのマイノリティ居住地区に，高速道路やごみ処理施設などが集中していることが，地理情報システムを用いて明らかにされてきた（McMaster et al 1997；Bolin et al 2002）。これに対し，「施設の立地がマイノリティの居住よりも先ではないのか」という論争がみられたものの，施設の立地が先であれ，社会経済的立場の弱いマイノリティは地価の安い場所に居住せざるを得ない。Pulido（2000）はこうした環境的不公正が，歴史的に構築されてきた構造的差別によるものであると

論じた。また，石山（2005）も米国ユタ州の核廃棄物処理場について，社会経済的立場の弱い先住民が，経済的理由から彼らの居住地にこうした施設を誘致せざるを得ないことを明らかにした。

一方日本では，金菱（2001）が兵庫県の伊丹空港に隣接する在日朝鮮人居住地区について，彼らが第二次大戦終戦以降，不法占拠による居住を余儀なくされてきたなかで，最低限の生活環境整備をどのように実現させてきたのかということを明らかにした。

このように，環境正義研究ではマイノリティやマイノリティの住む場所に対する「差別」とそれらの歴史的・社会的構築が第一の論点となっている。それゆえ，たとえば日本のごみ処理場立地問題などに環境正義研究を無条件に援用することは留保が必要である。

ただし，環境正義研究の第二の論点には，「分配正義から過程正義へ」という考え方がある。これは，「環境正義と一言で言っても，それは公平な分配論だけでは解決できず，環境政策決定の過程にコミュニティがどれだけ民主的な参加を行っているかという点のほうがより重要である」という考え方である（Lake1996；石山1999）。原口（1999，2000）は，米国ルイジアナ州における反公害運動を事例に，おもに第二の論点について考察している。

いわゆる迷惑施設の立地をめぐっては，被害者と加害者との関係性を圏域概念を取り入れて理解する「受益圏・受苦圏」研究が，日本の社会学で蓄積されてきた。しかし，「受益圏・受苦圏」研究には，圏の広がりや重なりをめぐるタイプ分けに終始している印象がぬぐえない。タイプ分けよりも重要なことは，受益圏・受苦圏をめぐって生じた，「場所」にもとづいた運動と，国や地方自治体をはじめとする事業主体との政治や権力関係を，環境正義の第二の観点にもとづいて検討することである。これは取りも直さず政治地理学の研究テーマであり，こうした観点は次のポリティカル・エコロジーにも通じる。

(2) ポリティカル・エコロジー

郊外という大消費地に向けて出荷されるミネラルウォーターの生産をめぐる問題を取り上げる第6章では，ポリティカル・エコロジーという概念に触

れる。ポリティカル・エコロジーとは，ローカルな環境改変が，国家やグローバルのスケールで展開される政治経済的過程とミクロな政治とのかかわりによってもたらされる，とする概念である（McCarthy 2005）。

　もともとポリティカル・エコロジーは，1970年代に前述のラディカル地理学者によって支持されながら発展を始めたとされ，彼らは，地球規模の環境破壊を考えるにあたり，政治経済構造と生態学的プロセスとの相互関係を見ることを主張した（島田 2007：12）。ラディカル地理学が，空間的不公平や資本主義的生産様式の矛盾を告発することに端を発していることは，本章第1節第2項の1で述べた通りである。

　初期のポリティカル・エコロジーでは，主に発展途上国の農村が研究対象とされ，小林（1992：490）は，ポリティカル・エコロジーについて，「発展途上国での開発政策が，対象地域からとおくはなれた場所で計画・立案されるケースはすくなくない。そこでは対象地域の実状や住民のニーズよりも，むしろ外部の大きな政治的・経済的要因が重視されやすい。（略）こうした背景に不適正な技術もくわわって，大規模な環境破壊や社会対立を起こす事例を報告されていく」（ママ）と述べている。Grossman（1992）は，カリブ海のセントヴィンセント島における農薬の誤った使用法が，グローバル・ナショナルな政治的・経済的圧力や，農家の行動の多様性に起因することを明らかにした。

　ところで，日本人によるポリティカル・エコロジー研究の多くは，アフリカの農村の生業を対象にしてきた（池谷 2003；島田 2007；藤岡 2008）。ただし，そこで対象とした農村は，国の政策や国際市場での価格変動の影響を直接受ける輸出換金作物生産地域の農村ではなく，したがって，「国レベルのマクロ政策の変化が農村部の農業や農村社会に与える影響は概して緩慢で，直接的な因果関係を持つようにはみえない」（島田 2007：9）。

　このため，日本人によるポリティカル・エコロジー研究は，海外の研究者によるポリティカル・エコロジー研究の分析視点や研究内容が多様かつ複雑であることを強調する（池谷 2003；島田 2007）。しかし，ポリティカル・エコロジー研究の端緒や初期の研究を鑑みれば，そもそも大規模生産やグローバル化の波に洗われていない農村での研究をポリティカル・エコロジー

研究と呼ぶこと自体に無理があるのではないだろうか。

一方，ポリティカル・エコロジー研究は発展途上国の農村ばかりを対象としているわけではなく，初期からの批判的観点に則りつつ発展途上国の都市や先進国を対象とする研究は，urban political ecology もしくは first world political ecology と呼ばれている。Swyngedouw（1997）は，エクアドルのグアヤキルにおける上水道政策の歴史が，国の貿易収支やそれを支える地主－小作関係といった社会経済的要因に左右されてきたことを明らかにし，Gandy（1997）は，ニューヨークにおける 1990 年代の水供給システムの危機が，1970 年代以降の社会経済的・政治的リストラクチャリングに起因することを明らかにした。

ただし，都市や先進国のポリティカル・エコロジー研究では，都市に存在する自然の意味をマルクス主義的に解釈することに終始しているものが多く，初期の研究のような，都市に供給される自然が生産される場所についての考察や，ローカルな環境改変とさまざまなスケールの政治・経済とのかかわりという視角がみられるものは少ない。

(3) ジェンダー

郊外の主婦たちの運動を取り上げる第 7 章では，「社会的・文化的性差」としてのジェンダーという概念に触れる。ジェンダーの視点を人文地理学の研究に組み入れる動きは，前述のラディカル地理学の延長として，1970 年代の欧米で始まった。初期には，ジェンダーに根ざした性別役割分業のために日常生活の中で女性が男性よりもいかに不平等な状態に置かれ，空間的に制約されているのかを記述し，そして地図化することが最終目標とされた（吉田 2004：64）。

こうして興隆した「女性の地理学」は 1980 年代に入ると，資本主義と家父長制が女性をどのように抑圧しているかを明らかにするマルクス主義的アプローチを援用するようになった（吉田 2004：66）。しかしその視点が，西洋，白人，異性愛者のそれに偏っていることを指摘され，フェミニストたちは第三世界，人種・民族，セクシュアリティなど，さまざまな「差異」に目を向けるようになった。また，女性は男性から差異化・他者化され，差別化

される存在として位置づけられ，そこに存在する権力関係，すなわちジェンダー関係に着目するようになった（吉田 2007：112）。

日本の人文地理学では，女性を対象とした研究が増えつつあるものの，性別役割分業を自明のこととしてとらえ，この分業に起因して空間にあらわれる不平等の事象，つまり物理的な制約のみを提示することに終始しており，その背後に潜んでいるジェンダー関係をひも解く作業が不十分であるとされる（吉田 2004：68）。すなわち，1970 年代の欧米における「女性の地理学」の水準にとどまっているということかもしれない。

そうした中で，ニュータウンがジェンダー化された空間であることを明らかにし，そこを「居住空間」化しようとする女性たちの運動を検討した影山（2000）などが見られる。その一方で，ジェンダー関係を生み出し女性を「他者」化する男性に着目することも重要であるように思われる。ところがそうした研究は，男性国会議員の発言から，「守る男」「守られる女」といったジェンダー関係と地政学的思考とのかかわりを読み解いた村田（2002）が見られるにすぎない。ジェンダー関係が形づくられる場として，男性中心的な政治，とりわけローカルな政治を検討することが重要である。

男性中心的なローカルな政治への異議申し立てとして，社会学では，生活クラブ生協・生活者ネットをめぐる研究が蓄積されているものの，「台所の声を政治に」というスローガンに見られるように，性別役割分業を自明のこととしてとらえているきらいがある。ジェンダー関係の是正を図るには，政治の場への女性のエンパワーメントも必要であるものの，そうした女性のエンパワーメントは場所ごとに異なるとされている（進藤 2004）。こうした点からも，場所と政治行動とのかかわりを明らかにする政治地理学の参画が求められている。

以上の概念を援用しながら，本書は郊外の行政課題をめぐる議論や政治について，より広い見地からの説明・解釈を行う。

4. 本書の方法と構成

本書の研究方法上の特色は，従来の地理学ではあまり試みられてこなかっ

た，議会資料の積極的活用にある。とくに地方自治体議会の定例会会議録を用い，議員による一般質問や，首長の施政方針演説を過去に遡って読み解く。議会は地方自治体における唯一の「決める」機関であり，そうした場で，文字通り地方自治体に「根づいた」存在である議員や首長が，対象とする行政課題をどのようにとらえながら議論し，「決めて」きたのか，もしくは「決めてこなかった」のか，それらの積み重ねが現在の各地方自治体を形づくっていると考えるからである。

ただし本書で明らかにするのは，単に地方自治体議会での議論だけではない。そうした議論と地方自治体の特徴がどのようにかかわっているのか，すなわち地理学的な「政治」である。独自性を持つ個々の場所に根づいた政治について言及する際には，政治現象のみならず，経済的側面や文化的側面にまで触れざるを得ない。したがって，本書は政治を切り口にした新しい地域記述（地誌）のあり方を示すものでもある。

一般的に，地誌には自然的事項から社会的事項までを単に網羅した，学校教科の地理のイメージを持たれているものの，本書はそうした伝統的地誌に対するイメージを打ち払うだけでなく，政治地理学＝地政学のイメージから脱却しつつも発展途上にある日本の政治地理学に新風を吹き込むものである。

序章の最後に，各章で取り上げる行政課題と明らかにすることを具体的に述べておきたい。第1章「グローバル化がもたらした郊外の都市合併——東京都旧田無市・保谷市」は，田無市と保谷市の合併がどのようにして「決まった」のか，その社会経済的・政治的要因を，おもに両市の財政，市議会での議論，両市の利益団体の活動の点から明らかにしたものである。本章は，都市合併という行政区域についての研究でもあり，行政地理学研究に「政治」の観点が不足しているという課題にこたえるものでもある。

第2章「東京大都市圏郊外周辺部における最後の『開発型合併』——東京都あきる野市」は，東京都による地域開発計画に伴い秋川市と五日市町が合併して発足したあきる野市について，合併後に生じている問題の一端を整理した上で，地域開発をめぐる東京都の動向とあきる野市が抱える問題との関係を明らかにする。

第3章「郊外の在日米軍基地所在都市における文化と政治——東京都福生

市」は，東京周辺に数多く所在する在日米軍施設の一つである横田基地が所在しつづけている要因を，福生市の政治と同市をめぐる表象の観点から明らかにしたものである。雑誌記事や小説の分析，地元商業への聞取り調査などを通じて，福生市あるいは市内のいくつかの「場所」を導出し，それらをめぐる「政治」を検討する。以上により本章は，福生市ではなぜ基地反対運動が見られないのかという問いにこたえるものである。

　第 4 章「騒音と補助金——郊外の『基地公害』をめぐる政治」は，横田基地の軍用機騒音問題が解消しない要因を，同基地所在地域の各自治体による政治的対応の違いから明らかにした。第 3 章と第 4 章は，米国の地政学を結果として支える日本国内のローカルな政治を実証的に示したものである。冷戦下の日本の外交・防衛が米国に追従し，日本独自の国際関係論や新しい地政学的研究も生まれようがなかったことを，基地所在自治体というローカルな地域から裏づける，地政学研究の一つに位置づけられないこともない。

　第 5 章と第 6 章は，地方自治体の「環境」をめぐる政治を実証的に示すものである。第 5 章「郊外の新ごみ処理場建設場所をめぐる『環境正義』——東京都小金井市」は，2010 年に一度は決定した新ごみ処理場建設場所の決定要因を，小金井市議会，市民検討委員会，住民運動団体による「政治」を通じて明らかにした。本章は，市の新ごみ処理場建設計画に対する住民の政治参加の研究でもあり，行政地理学研究が行政サービスに対する住民の「政治参加」を検討していないという課題にこたえ，政治地理学との接点をなすものでもある。

　また，第 6 章「地下水をめぐる『ポリティカル・エコロジー』——山梨県北杜市白州町」は，大都市とその郊外で消費されるミネラルウォーターが生産されている白州町を取り上げた。本章は，白州町の地下水が大量に採取されている要因を，おもに同町の「政治」という観点から明らかにし，東京の郊外が遠隔地の環境改変に間接的にかかわっていることを示すものである。

　第 5 章と第 6 章では「環境」をめぐる政治を，「環境正義」および「ポリティカル・エコロジー」という概念を通じて説明・解釈する。特定の場所に特定のかたちで，こうした普遍的な概念によって説明・解釈できる現象が見られるならば，政治地理学の立場から，概念をめぐる社会科学の議論に参加

することができるし，単なる特定の政治地誌に終わることもない。

　第7章「40年にわたる郊外の女性運動からみえる市政と『ジェンダー』——旧田無市・保谷市の『どんぐり会』」は，人口増加に伴う都市基盤整備やおもに社会教育行政をめぐって，男性を中心とする市議会，市役所，主婦たちの住民運動団体，それぞれが展開した「政治」についての研究である。本章は，行政地理学研究が行政サービスに対する住民の「政治参加」を検討していないという課題にこたえるものでもある。本章も，第5章・第6章と同じように，両市の都市化をめぐる政治を「ジェンダー」という普遍的な概念から説明・解釈したい。

コラム②

地方自治体の議会・議員・会議録

　議員の不祥事などが報道されたときを除いて、地方自治体議会が注目されることは少ないものの、議会では何が行われているのであろうか。

　多くの地方自治体議会では、年に4回の「定例会」と数回の臨時会が開かれる。ここでのやりとりを記録したものが「会議録」であり、本書で検討するのはもっぱら定例会のそれである。

　会議録は、過去数年間のものであれば自治体の図書館で閲覧できることが多く、古い会議録も自治体の議会事務局で保管されているはずである。近年では、会議録の電子化が進み、自治体のホームページの中で公開されていることも多い。

　定例会でまず検討されるべきものが、首長の演説である。首長は首長選挙直後の議会で今後の任期にあたっての所信を表明したり、また定例会で年に1回、施政方針を示したりすることが多い。そうした演説の中で、研究対象とする行政課題に対し、首長がどのように、どの程度触れているのかを検討することが重要となる。

　次に検討すべきなのが一般質問である。定例会では、議員が首長や担当職員に対して行う質問の時間が設けられている。一般質問の時間では、すべての議員が質問をしなければならないという義務はないものの、一般質問に立つ議員のうち、研究対象とする行政課題について何人が取り上げているのか、どのような質疑応答が展開されたかを検討することが重要である。

　一般的に、議員は定例会の開催の前に、質問内容を議会へ通告しておく。そうした議員ごとの通告一覧は、会議録の冒頭に添付されていることが多い。議員の質問内容は多岐にわたるため、会議録を読むときはまず通告一覧に目

を通し，研究対象とする行政課題が取り上げられている箇所のみを読むという方法もある。会議録が電子化されているならば検索機能により，研究対象とする行政課題についての発言のみをピックアップすることもできる。

　一般質問では，議員1人あたりの持ち時間の中ならば何度でも質問が許される形式と，質問回数があらかじめ決められている形式のどちらかを採用する議会が多い。議員の質問と首長・職員の答弁がひたすら繰り返されるのに対し，首長・職員が議員に対して質問することを認めている議会はほとんどない。

　ところで，ほとんどの議員は特定の会派に属している。とくに公明党や共産党の議員は，彼（女）らだけで会派を形成することが多い。一方，自民党や保守系無所属の議員は，首長への支持などをめぐって，いくつかの会派に分かれることも多い。首長の施政方針に対して，会派の代表者が「代表質問」を行う議会もある。

　国会議員の選挙と異なり，地方自治体議員の選挙では無所属の候補者が多い。そのため無所属で当選した候補者が，いわゆる「保守系無所属」なのか「革新系無所属」なのかが問題となる。これを判断するために用いるのが，選挙の直前に発行される「選挙公報」である。これに記載されている政見や出身団体，推薦団体などからどちらかを判断することができる。また，無所属議員が自民党の議員と同じ会派に属していればもちろん，保守系無所属の立場とみなせる。

　現在，多くの地方自治体議会の会議録は電子化され，その内容をインターネットで検索することができる。しかし本書は，まだ会議録の電子化が進ん

でいなかった時期,ときに子供が騒ぐ図書館で一人,粘り強く会議録のページをめくっていく,そうした地味で地道な作業にもとづいている。

第1部

グローバル化をめぐる
大都市圏郊外の議会と行政

［写真］田無駅北口（第1章参照）

再開発の結果，バスターミナルの整備と，マンション・商業施設・会員制場外馬券売場などからなるビルが建設された。2016年4月25日著者撮影。

●――第1章――

グローバル化がもたらした
郊外の都市合併
――東京都旧田無市・保谷市

1.「平成の大合併」をめぐる政治地理学的研究の意義

　日本では2000年代半ばまでに政府が市町村合併を全国的に推進した(「平成の大合併」)。これは世界経済の進展に伴い，新自由主義的観点から，政府が市町村に対し，地方分権に伴う権限移譲の受け皿となることを求めたためである。主に政治学，行政学，財政学の分野を中心に，合併推進政策の是非に関する議論が活発に行われたが，合併推進政策の是非を判断するための根拠となる，過去における市町村合併の実証研究は，ルポルタージュを除くと少数である。そもそも，日本の政治学においては，地方政治そのものの実証研究が少ないとされており（三宅・村松 1981：11；徳本 1991：8)，地理学における地方政治や市町村合併の研究もまた，少数である。日本では，第二次大戦後まもなく，全国的かつ大規模に市町村合併が行われたが（「昭和の大合併」)，その総括が，十分になされたとは言い難い。平成の大合併も，政府が地方財政の危機的状況や，「市町村の合併の特例に関する法律（合併特例法）」における財政上の優遇措置を喧伝する中で，過去の事例を顧みることなく進められたといえる。

　一方，日本より先に世界経済の進展に直面した欧米の地理学では，1980年代に「新しい地誌学」と呼ばれる研究が現れた。これは，従来の伝統的な地誌学を社会理論の構築に組み込ませるものであり，ここでは，主にイギリスにおける経済的リストラクチャリングのロカリティ・リージョン・場所に

及ぼす影響が検討された（山﨑 2001：549）。この種の研究は「ロカリティ研究」と呼ばれ，「新しい地誌学」における実証研究とされる（香川 2001：316）。

　ロカリティとは，人文地理学の中で定義の一致がみられないものの（Painter 2000：456），「世界経済の進展に対処する国家や地方自治体の政策が影響を及ぼす場所とその場所性」と理解することができる。ロカリティ研究の特徴は，世界経済やそれの進展に対処する国家と地方自治体の政策が場所を形成するという視点にみられる。また，ロカリティ研究における視点には，政治的変化や住民の社会構造，労働者文化も含まれており，この種の研究によって，工業都市における地方政治の変容を把握することも可能であるといわれる（香川 2001：316）。以上の研究動向の背景には，新自由主義や新保守主義のような，世界経済の進展に伴う新たな政治思想の出現がある。

　しかし，ロカリティ研究における事例研究は少数であり（香川 2001：336），イギリスにおいて，世界経済の進展に対処する新保守主義的政策が場所に及ぼした影響を明らかにしたCooke（1989）や，日本では，香川（2001）が散見されるにすぎない。それでも香川（2001：316）は，実証研究としてのロカリティ研究を広めた点で，Cooke（1989）の意義は大きいとする。

　ところで，日本の政治学においても，ロカリティ研究の視点を有すると考えられる研究が存在する。それは，徳本（1991）の，5市合併による北九州市成立に関する政治過程論的研究である。同研究には，筑豊石炭産業の斜陽化に伴う鉄鋼業の地位低下への懸念といった産業構造の変化や，5市の位置関係のような，社会経済的・空間的背景が政治的主体の活動に作用するという，ロカリティ研究に通じる視点がみられる。

　こうした研究動向を整理した上で，再度日本の地理学研究について検討すると，数少ない市町村合併研究である林（1974）や，片柳（2002）では，形式地域と実質地域との関係に関する議論や，合併後における都市構造変化といった，都市地理学的な議論が中心であり，合併成立への政治過程については，十分な考察が加えられていないことがわかる。また，従来における市町村合併研究のほとんどは，地理学的研究に限らず，町村合併促進法やいわ

ゆる地方分権一括法といった法律以外の要素を，合併成立の背景としてあまり考慮していない。すなわち，前述の徳本（1991）を除くと，合併市町村の成立に関する社会経済的・政治的要因に着目した研究は，ほとんど存在しない。

以上から，「平成の大合併」が行われた2000年代の日本の政治経済的状況に対して，イギリスにおいて発展したロカリティ研究は，非常に示唆に富む。また，「平成の大合併」は新自由主義的観点により推進されたことから判断して，その事例地域は，重要なロカリティ研究の対象となり得る用件を持つと考えられる。さらに，市町村合併や地方政治の実証研究が少数であるという課題に対しても，地理学におけるロカリティ研究は貢献することが可能である。そこで第1章は，2001年1月21日に合併した東京都田無市と保谷市[1]（現，西東京市）を事例に，両市の合併における社会経済的・政治的要因について明らかにする。

このあと第2節では，人口・財政・選挙に関する統計を用いて，両市の社会経済的性格の変化が，首長選出や都市整備などにどのように影響し，合併問題が浮上したかについて述べる。第3節では，1990年における合併問題の浮上から合併が成立した2001年までの政治過程を，合併推進団体代表への聞取り調査や新聞記事などによって整理する。第4節では，とくに田無市が合併を推進した背景について論じる。そして，第5節で両市が合併した社会経済的・政治的要因についてのまとめとする。

2. 田無市と保谷市の都市化と革新市政

(1) 都市化・工業化と「新住民」の増加

東京都田無市と保谷市は，東京都区部に隣接する住宅都市であった（図1-1）。両市は都心から20km圏内に位置し，西武鉄道新宿線・池袋線を利用すれば，新宿・池袋まで20分ほどの距離であった。2000年当時，田無市は6.8km²，保谷市は9.1km²の面積を有し，田無市は全国の都市のうち5番目，保谷市は同10番目に面積の小さい都市であった。また，保谷市は田無市を取り囲むような不整形な市域をなしていた。両市は武蔵野台地の中央部に位

図1-1 研究対象地域

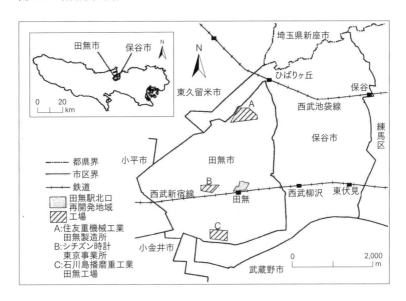

置し，両市南部における石神井川流域が，台地面より多少低いものの，地形的にほぼ平坦かつ一体であった。また，田無市北部の住民は，保谷市の西武池袋線ひばりヶ丘駅を利用するなど，両市住民の生活圏もほぼ同一とみることができた。

田無は，江戸時代初期より，青梅街道の宿場町として栄えた。しかし，明治時代中期における甲武鉄道（現在のJR中央本線）の開通により，田無宿は急速に衰退した。一方，保谷は新田開発以来の純農村であった。保谷には農業以外に産業はみられず，田無宿で商業を営む者もあった。このような背景から，1889年のいわゆる「明治の大合併」において，田無町と保谷村との合併が検討されたが，当時田無町は東京府，保谷村は埼玉県に属したため，合併は成立しなかった[2]。その後，大正時代に西武鉄道（現在の西武鉄道新宿線）が，昭和時代初期に武蔵野鉄道（現在の西武鉄道池袋線）が開通したことにより，両市は通勤者住宅地としての性格を帯び始めた。

1950年から1975年まで，両市では人口が急増した。新住民の多くは，

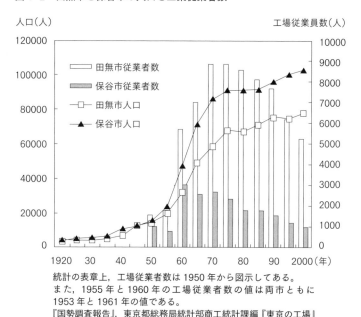

図1-2 田無市と保谷市の人口と工業従業者数

統計の表章上，工場従業者数は1950年から図示してある。
また，1955年と1960年の工場従業者数の値は両市ともに
1953年と1961年の値である。
『国勢調査報告』，東京都総務局統計部商工統計課編『東京の工場』
により作成。

1959年に田無町・保谷町・久留米町（現在の東久留米市）が接する地区に完成したひばりが丘団地など，多数建設された団地に居住した。このため，両市ともに1955年から1965年にかけて，人口増加率の高さが顕著であった（図1-2）。両市ではこの間農業人口が激減し，それに代わり管理的職業，事務，専門的・技術的職業従事者が多数となった。さらに，両市に常住する通勤・通学者の約半数が，東京都区部を通勤・通学先としていた。以上から，両市におけるベッドタウンとしての性格は，この人口急増期において定着したといえる。

ところで，田無市では，第二次大戦中に軍需工場が多数立地し，戦後それらの用地は多数の一般工場に変わった。2002年現在，西東京市には石川島播磨重工業（現，IHI），住友重機械工業，シチズン時計の3ヶ所の大規模工場が立地していた。3工場のうち，シチズン時計と住友重機械工業の工場

はかつての軍需工場であった。石川島播磨重工業の工場も，戦後において軍需工場跡地に進出したものであった（田無市史編さん委員会編 1995：949）。この3工場はいずれも旧田無市域に立地していた[3]。このような大規模工場が立地した田無市では1950年代から1960年代にかけて，工場従業者数が急激に増加した。

一方，保谷市はガラス加工業のHOYA株式会社の創業地であったが，1962年に工場は市外へ移転した。1990年代初頭には，協同乳業東京工場も西多摩郡日の出町に移転した。保谷町では，1959年に，大規模工場の進出に対して固定資産税を優遇する工場誘致条例を制定したにもかかわらず，その後における大規模工場の進出は見られなかった（保谷市史編さん委員会編 1989：509）。2000年当時，保谷市に大規模工場は存在せず，そのため，工場従業者数も田無市と比較して少なかった。

（2）都市化に伴う公共施設の建設

前項で述べた急激な人口増加によって，両市では新住民のための新たな公共施設整備が焦眉の課題となった。両市では，とくに学校や保育園などの公共施設整備が急務となり，両市は1980年前後までそれらの整備に追われた。高度経済成長期において，両市では毎年のように学校・プール・体育館が建設され，他方で公園・社会教育施設・社会体育施設の整備は遅れた（表1-1）。

学校とその付属施設の建設が完了した後，公共施設整備の方針について，両市における差異が確認できる。田無市では，1980年代において公民館・地区会館・公園・運動場・図書館・体育館が重点的に整備され，さらに1995年において田無駅北口再開発が完了した。そして1990年代後半において，福祉施設が重点的に整備された。一方，保谷市では，1970年代後半に，図書館と児童館が集中的に整備され，1980年以降は，公園が重点的に整備された。ところで，保谷市には，ひばりヶ丘，保谷，西武柳沢，東伏見の4駅が存在していたが，田無市との合併以前，どの駅においても駅前広場が完全には整備されていなかった。このことから，保谷市では都市基盤整備が遅れていたことがわかる。

表 1-1　田無市・保谷市公共施設建設年表

年	田無市	保谷市
1947	○	○
1950	◎	
1952	◇	
1954	○ ●	
1956		○
1957	○	
1959		○ 出
1960	○	○ △
1961	○	◇
1962	●	◎ ◎ ●
1963		○ ●
1964	○ ◎	出
1965	● ☆	◎ ●
1966	◎	○ ● ☆
1967	● ☆	◎ ◎ ●
1968	○ ◎	◎ 体 市庁舎
1969	● 市民会館	体
1970	◎ ◎	○ ● ☆
1971	☆ △	○ ● △
1972	○ ◎ ●	○ ◎
1973	◎ ◎ ◇ ◇ △	●
1974	△ ◇	○ ◎ ● △
1975	○ ◇ 図	☆ △
1976		◎ ● ■ 図 図
1977	○ ■ ■	● ● ☆ △ 図
1978	○ ■	☆
1979	■ ■	○ ☆
1980	○ ● ☆ ☆ ■ 図	
1981	◇ ■	△ ■
1982	◇ ◇ ■ ■ 図	△
1983	■ 市庁舎	
1984	☆ ◇ ◇ ■ ■ 体 図	◇ ■
1985	△ △ 出	△
1987	■	図
1988		
1989	◇ 体	
1990	◇	◇ ■
1991		
1992	△ △	◇ ■
1993	■	体
1994	△ △	☆ ■ 図
1995	△ △	■ ■ ■ 市内連絡バス
1996	△ △	◇ ■ ■ ■ ■ ■ ■ ■ ■
1997	△ ◇	
1998		市民会館
1999		△ 防災センター

○＝学校　◎＝学校の付属施設　●＝保育所　☆＝児童館　△＝高齢者・障害者福祉施設
◇＝公民館・集会施設　■＝公園・運動場　体＝体育館　図＝図書館　出＝市役所出張所
田無市史編さん委員会編（1995），保谷市史編さん委員会編（1989），『田無市地域生活環境指標　平成10年度版』，『保谷市地域生活環境指標　平成9年度版』により作成。

表1-2 田無市と保谷市の歴代首長

田無市			保谷市		
選挙年	当選者氏名・政党	投票率（％）	選挙年	当選者氏名・政党	投票率（％）
1947	小峰順誉（無）	無投票	1947	山本一司（無）	＊
1951	小峰順誉（無）	91.31	1949	保谷泰蔵（無）	＊
1955	桜井竹次郎（無）	78.17	1952	相田文蔵（無）	＊
1958	賀陽賢司（無）	63.01	1953	山本浅雄（無）	＊
1962	指田吾一（社）	64.49	1957	原田彰俊（社）	＊
1966	指田吾一（社）	63.33	1963	原田彰俊（社・革新統一）	＊
			1967	原田彰俊（社）	無投票
1969	木部正雄（社）	62.62	1969	内藤利紀（無）（自推薦）	49.55
1973	木部正雄（社）	無投票	1973	内藤利紀（無）（自推薦）	56.83
1977	木部正雄（無・革新統一）	59.25	1977	都丸哲也（無）（社・公・共推薦）	54.04
1981	木部正雄（無）	無投票	1981	都丸哲也（無）（社・公・共推薦）	58.12
1985	末木達男（無）	無投票	1985	都丸哲也（無）	51.87
1989	末木達男（無）	41.53	1989	都丸哲也（無）	42.94
1993	末木達男（無）	34.34	1993	保谷高範（無）	48.50
1997	末木達男（無）	36.52	1997	保谷高範（無）	49.94

無＝無所属　社＝日本社会党　自＝自由民主党　公＝公明党　共＝日本共産党　＊資料なし
田無市史編さん委員会編（1995），保谷市史編さん委員会編（1989），田無市選挙管理委員会編『田無における選挙の記録』，保谷市選挙管理委員会編『選挙の記録』により作成。

（3）革新市政の発足

　両市の人口急増は，両市における首長選出にも大きな影響を及ぼした。保谷町では1957年，田無町では1962年にそれぞれ社会党員の町長が誕生し，革新町政が発足した（表1-2）。これ以前の町政は，いわゆる「土地の人」が担い，彼らは保守系であった。両町でともに革新町長が選出されたのは，人口の流入，すなわち「新住民」の増加によると考えられる（田無市史編さん委員会編 1995：957）。両町の革新町政は前述のように，公共施設整備に追われた。

　また，両町では1965年9月に合併協議会が設けられ，市制施行を目的とする合併が協議された。しかし，すでに単独での市制施行要件を満たしていることにより，早期合併を望む保谷町と，綿密な合併協議を望む田無町との間で合意に達せず，同年12月に合併協議会は廃止された。これを受けて，1967年，両町は同時ながらそれぞれ単独で市制施行した。

市制施行後，田無市では，初代市長である指田市長の下で助役を務めていた木部氏が，指田氏の後継者として革新市政を担った。当時の指田市政には，保守系市議会議員や，彼らを支持する住民からの支持もあり（田無市史編さん委員会編 1995：959），その支持者は木部市政にも受け継がれた。

急激な人口増加とそれに伴う公共施設の建設に追われた時期の後，木部市長は 1980 年度の施政方針で，義務教育施設整備が一応ながら完了したことを宣言し，都市基盤整備を本格的に推進する方針を示した。このため，1981 年度の施政方針において，木部市長は田無駅北口再開発の推進について述べた。そして，木部市長は同年の市長選挙においていわゆる 6 党相乗り（自民党・社会党・公明党・民社党・共産党・新自由クラブ）により無投票当選した。6 党相乗りは木部市政における都市基盤整備の方針が政党から評価されたものとみなされる。これ以降，木部市長は 1983 年の施政方針において，市業務の委託化について述べるなど，革新政治とは一線を画した政策を推進し始めた。すなわち，1980 年代における木部市政の政治的立場は革新から中道へと移行したといえる[4]。国政において見られた，自民党を代表とする保守勢力と社会党を中心とする革新勢力の対抗という構図は，田無市においてはこの時期に消滅したといい得る。

そして田無市では，1985 年に，木部市長の下で助役を務めていた末木氏が，木部市長の後継として市長選挙に出馬した（6 党相乗りの無投票当選）。末木市長は国鉄の労働組合出身であったが，市職員の労働組合に対して厳しく臨み，その労務管理を徹底し，木部市政に引き続き，市業務の委託化を推進した（末木 2001：78）。末木市政は発足時，当時の全既成政党に支持されていたが，1989 年の市長選挙前に，与党の共産党が，選挙において自民党からの推薦を拒否するよう末木市長に申し入れた。しかし，末木市長がこれを拒否したため（末木 2001：103），共産党は与党から離脱した。これ以降の末木市政における野党議員は，共産党や生活者ネットの議員などであり，その数は少ない。共産党が与党から離脱したことにより，末木市政の政治的立場は，中道よりさらに保守的となる。

一方，保谷市では，1969 年から 1976 年までの 7 年間は保守市政であったが，これは市長選挙における革新勢力の分裂が原因であり，保守市政におけ

る市議会の与党議員数は過半数以下であった。このため、保守市政においても、革新勢力が整備を要求する保育園や福祉会館などの福祉施設は、革新市政時に引き続き整備された。革新勢力は、1977年の市長選挙において候補者を一本化させ、これが奏功し、革新市政が復活した。革新市政では教育と福祉に関する施策が重視された。このことは、とくに次項で述べる財政支出に表れていた。

(4) 対照的な両市の財政

　ここで、以上における市政の推移を財政的観点から検討する。田無市では、前述のように、大規模工場の立地により、法人市民税収入の地方税収入に占める割合は、保谷市のそれを大きく上回っていた（表1–3、表1–4）。田無市では、ほとんどの年度において、この割合が10%を超えていたのに対し、保谷市では同割合が10%を超える年度は見られなかった。木部市政では、前述のように、学校とその付属施設の建設により、1983年度まで普通建設事業費の割合が高く、多くの年度において同費が歳出総額の30%程度を占めた。ところが、田無市では1975年以降、人口増加が鈍化し、それに伴い、個人市民税収入の伸びも鈍化した。1970年代中期まで、個人市民税収入の伸び率はおおよそ毎年度120%以上であったが、1976年度を最後に、120%に達する年度は見られなかった。それでも、豊富な法人市民税収入と、1970年代後半からの公債費比率の増大によって、巨額な普通建設事業費が歳出可能となった。しかし、1980年代以降においては、法人市民税収入が前年度のそれを下回る年度も見られた。都市基盤整備を進めた木部市政末期では、このような状況への対処として、市業務の委託化が推進された。こうして、1984年度からは市の一般職員数が削減され、総務費の割合が大幅に減少した。

　1985年からの末木市政においても、市業務の委託化推進は継続された。その結果、とくに田無市の一般職員数を木部市政期の615人（1983年度）から、575人（1989年度）まで削減することによって、経常収支比率は同期の86.1%（1984年度）から、69.7%（1991年度）へと大幅に改善した。さらに、末木市政では、木部市政で高かった、決算歳出総額に占める民生費

表1-3 田無市の財政の推移

年度	決算歳出総額伸び率（%）	地方税伸び率（%）	個人市民税伸び率（%）	法人市民税伸び率（%）	地方税に占める割合（%）	普通建設事業費の歳出総額に占める割合（%）	公債費比率（%）	経常収支比率（%）	財政力指数	職員数（人）	首長
1969	*	*	*	*	11.7	29.7	7.4	82.9	1.05	415	木部①
1970	146.9	120.1	118.6	115.2	11.2	37.8	7.5	95.0	0.94	458	
1971	92.3	119.6	130.3	87.1	8.2	12.5	9.0	111.8	0.91	476	
1972	139.5	126.3	132.8	124.7	8.0	21.8	9.8	92.4	0.90	510	
1973	179.9	128.0	116.6	146.1	9.2	46.8	7.9	93.5	0.85	546	木部②
1974	107.1	131.6	132.0	170.7	11.9	35.1	9.5	85.8	0.84	558	
1975	117.1	115.8	114.2	102.8	10.6	34.8	10.7	89.9	0.93	533	
1976	88.5	116.7	124.8	115.4	10.5	18.4	13.9	83.3	0.88	533	
1977	157.3	115.2	109.6	130.9	11.9	34.7	13.7	84.8	0.94	555	木部③
1978	106.0	117.1	118.6	137.8	14.0	33.1	14.2	84.6	0.93	553	
1979	100.6	112.3	111.2	125.9	15.7	29.1	13.8	81.8	0.95	586	
1980	99.4	109.0	114.4	96.1	13.8	19.3	13.7	85.9	0.97	596	
1981	137.8	110.6	111.8	125.8	15.7	29.8	13.5	84.4	0.98	594	木部④
1982	79.4	106.3	112.3	80.6	11.9	12.9	15.3	85.7	0.98	599	
1983	128.7	108.2	111.0	103.0	11.4	29.5	15.5	85.1	1.05	615	
1984	92.0	107.2	101.7	135.8	14.4	11.7	15.6	86.1	1.08	591	
1985	102.5	108.5	110.4	101.1	13.4	12.2	14.7	83.3	1.07	584	末木①
1986	105.3	104.2	108.8	83.3	10.7	11.3	12.4	83.8	1.08	579	
1987	107.6	105.1	111.7	88.0	9.0	17.4	12.4	80.8	1.03	578	
1988	106.7	108.1	106.1	149.1	12.4	15.8	11.6	74.4	1.07	586	
1989	115.6	106.0	103.8	135.1	15.8	26.0	9.9	72.9	1.16	575	末木②
1990	165.6	104.5	112.7	78.3	11.8	41.6	10.5	73.2	1.08	576	
1991	72.8	110.5	105.9	142.9	15.3	24.2	9.8	69.7	1.08	576	
1992	106.6	102.1	107.2	68.4	10.2	24.4	9.4	77.6	1.03	602	
1993	104.0	98.4	95.0	100.0	10.4	26.0	9.9	81.2	1.04	606	末木③
1994	112.6	93.0	87.1	72.6	8.1	24.5	11.9	89.6	1.01	597	
1995	86.4	102.0	101.5	93.4	7.4	15.8	11.8	93.6	0.96	602	
1996	95.9	103.7	96.5	125.3	9.0	13.2	12.2	93.9	0.96	599	
1997	99.9	105.9	109.4	125.6	10.6	10.9	11.9	91.0	0.96	587	末木④
1998	109.4	98.2	94.2	93.9	10.2	14.9	12.3	95.0	0.96	572	
1999	102.1	95.5	95.9	61.5	6.6	11.9	10.2	91.4	0.92	558	

*：1968年度の資料が存在しないため算出不能
東京都総務局行政部地方課編『市町村決算状況調査結果』により作成。

表1-4 保谷市の財政の推移

年度	決算歳出総額伸び率(%)	地方税伸び率(%)	個人市民税伸び率(%)	法人市民税伸び率(%)	地方税に占める割合(%)	普通建設事業費の歳出総額に占める割合(%)	公債費比率(%)	経常収支比率(%)	財政力指数	職員数(人)	首長
1969	*	*	*	*	3.6	29.2	4.9	74.7	0.78	482	内藤①
1970	153.5	125.2	127.7	137.8	4.0	42.9	7.7	80.9	0.69	546	
1971	138.0	126.3	130.8	120.0	3.8	42.2	10.4	79.0	0.65	540	
1972	111.8	128.3	135.0	120.1	3.5	41.5	12.2	84.4	0.69	579	
1973	120.6	128.7	120.2	170.5	4.7	32.4	12.3	84.2	0.71	607	内藤②
1974	122.5	131.5	133.1	132.2	4.7	26.9	11.6	85.8	0.69	622	
1975	121.7	112.7	109.6	109.3	4.6	28.8	12.6	89.9	0.76	636	
1976	104.0	116.4	124.6	118.2	4.6	24.1	13.7	85.4	0.76	687	
1977	108.2	113.7	110.6	130.0	5.3	21.7	13.6	90.7	0.80	728	都丸①
1978	118.5	118.7	120.8	135.9	6.1	23.8	12.5	89.2	0.81	743	
1979	99.6	112.8	110.5	122.8	6.6	17.1	13.2	89.4	0.83	736	
1980	111.9	112.7	115.9	113.1	6.6	16.0	12.7	88.5	0.88	739	
1981	134.2	110.3	108.6	160.7	9.7	31.9	12.6	87.3	0.88	746	都丸②
1982	79.2	105.9	110.6	74.9	6.9	9.8	14.4	92.5	0.90	751	
1983	110.7	106.8	109.7	80.5	5.2	14.1	15.1	88.3	0.94	745	
1984	99.5	105.5	103.1	133.1	6.5	7.8	15.2	86.9	0.93	729	
1985	105.8	110.3	109.6	115.2	6.8	7.8	14.6	87.0	0.97	723	都丸③
1986	110.6	107.9	109.5	103.8	6.5	11.1	13.3	85.8	0.98	723	
1987	112.7	113.1	112.8	168.8	9.8	18.4	12.2	76.7	1.02	725	
1988	112.2	107.0	111.1	100.0	9.1	19.1	10.3	70.6	1.09	728	
1989	100.2	99.4	101.8	79.9	7.3	19.6	8.5	73.0	1.13	734	都丸④
1990	107.2	105.9	107.6	110.3	7.6	17.3	9.1	74.0	1.01	755	
1991	103.6	103.0	103.1	87.5	6.5	17.0	8.2	78.1	1.01	763	
1992	114.8	105.0	103.9	92.9	5.7	25.4	7.4	78.6	0.91	773	
1993	114.6	99.9	99.4	79.2	4.5	29.0	7.2	83.2	0.96	776	保谷①
1994	90.0	93.1	84.4	93.5	4.6	18.1	7.5	94.1	0.94	780	
1995	109.9	104.9	104.8	102.5	4.5	26.3	6.8	90.6	0.95	771	
1996	104.2	99.8	97.4	90.5	4.0	25.0	6.5	90.6	0.90	760	
1997	98.6	102.6	105.6	97.0	3.8	16.6	7.3	88.8	0.85	746	保谷②
1998	96.1	97.9	93.0	105.4	4.1	18.0	6.3	89.0	0.84	739	
1999	97.5	97.7	93.4	86.9	3.7	11.4	7.3	84.3	0.78	730	

＊：1968年度の資料が存在しないため算出不能
東京都総務局行政部地方課編『市町村決算状況調査結果』により作成。

図 1-3 田無市の目的別歳出の推移

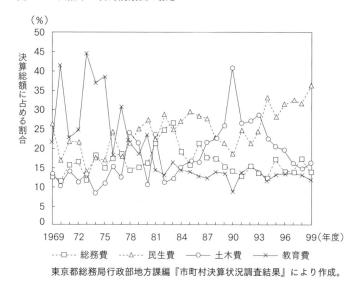

東京都総務局行政部地方課編『市町村決算状況調査結果』により作成。

の割合も低下した(図1-3)。代わりに,1980年代後半は土木費の割合が急増し,田無駅北口再開発用地を買収した1990年には土木費の割合が40%を超えた。

　一方,保谷市の1970年代における財政状況は,田無市と比較して良好でなかった。これは,保谷市の法人市民税収入が豊富でないにもかかわらず,公共施設建設のため,1981年度まで普通建設事業費の割合が高かったことによる。1970年代までにおける同市の財政収入は,公債費比率の増大を基盤とし,これによって1970年代で学校などの整備はほぼ完了した。しかし,1975年から1985年にかけて,保谷市の人口増加率は低下し,個人市民税収入の伸びは,1970年代後半に鈍化した。1970年代前半までは,個人市民税収入の伸び率は120%以上であったが,1970年代後半以降は,110%前後の伸び率となった。このような状況から,保谷市は1980年代前半に,普通建設事業費の歳出を大幅に抑制した。

　保谷市の目的別歳出について検討すると,民生費の割合は低下せず,1980

図1-4 保谷市の目的別歳出の推移

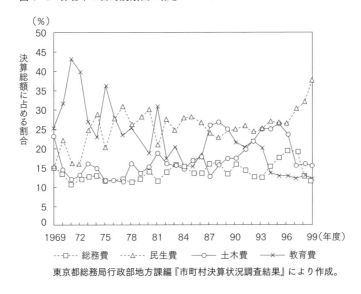

東京都総務局行政部地方課編『市町村決算状況調査結果』により作成。

年代末には，教育費の割合の上昇も見られた（図1-4）。つまり，保谷市の革新市政は，厳しい財政状況においても，福祉と教育に関する歳出を重視したといえる。その後，保谷市の財政収支は，普通建設事業費抑制などの政策と，1980年代後半における好景気によって，一時的に改善した。しかし，これは保谷市の財政基盤が根本的に強化されたことを意味しない。そのため，財政基盤の強化を目的とした田無市との合併問題が，1990年代に浮上したのであった。

3. 田無市と保谷市の合併をめぐる政治過程

（1）合併問題の再燃

　前節までに述べた，両市の社会経済的・政治的推移によって，両市の合併問題が浮上した。1990年9月6日，田無市議会第3回定例会において，公明党議員より，合併問題を再考してはどうかとの一般質問がなされた。これ

に対し，田無市長は「今日のように行政の需要が非常に多様化した状況では，狭い面積の中で行政をやっていくことは大変難しい面もある。だから，田無と保谷が合併をし，そしておよそ17万人の人口をもって行政を進めていくということは極めて適切」（田無市議会事務局編 1990：37）と答弁し，両市の合併問題が再燃した。また，田無市長の発言から1週間後の9月13日，保谷市議会第3回定例会において，都丸保谷市長は合併に関する自民党議員の質問に対して以下のように答弁した。それは，「田無駅北口再開発のために合併が望ましい，という発言を田無市の部長がマスコミを通してしたのは不謹慎である」（保谷市議会編 1990：223）という内容の答弁であった[5]。

　田無市長の答弁は，両市における具体的な行財政的課題に言及したものではなく，この答弁から両市の合併目的を推測することは難しい。しかし，保谷市長の答弁から，田無駅北口再開発が田無市にとって保谷市との合併を検討する契機となったことは明らかである。ところが，末木市政（1985〜2001年）において再開発は実現されたが，多額の普通建設事業費歳出によって実施された再開発は，その後における田無市の財政状況に大きな影響を及ぼした。この影響については次節で述べる。1990年代初期におけるバブル経済の崩壊後，田無市の経常収支比率は悪化し，これ以降，職員数の削減によっても経常収支比率の改善は見られず，地方税収入の減少が深刻な問題となった。このような状況により，田無市における保谷市との合併目的は，田無駅北口再開発の推進から，行財政効率化による財政基盤の強化へと変化した。

　1990年の末木市長による合併に関する答弁の直後，保谷市議会において，都丸市長は両市の合併を推進する答弁と，合併に反対する答弁を繰り返した。1960年代の合併問題において，当時都丸氏は合併推進派の町議会議員であった。しかし，1990年に再燃した合併問題において，都丸市長は田無市長とイデオロギー的立場が異なることにより，安易には両市合併に同意しかねたと考えられる。最終的に都丸市長は「住民自治が後退する」という理由により，合併反対の立場を取った。このように，両市長が合併問題において対立した状況で，1993年に両市において市長選挙が行われた。保谷市長選挙では，保守系の保谷氏が，革新市政において整備の遅れた，道路・スポー

ツ文化施設などの都市基盤整備の優先と，田無市との合併推進を公約に掲げて立候補し，都丸市長との選挙戦において当選した。保谷市政では，地方税収入が減少する中，文化施設整備の公約を市職員数削減などにより推進したが，財政状況は悪化し，保谷市政はもう一つの公約である田無市との合併を早期に成立させることを余儀なくされたのであった。

(2) 合併問題をめぐる住民や利益団体の動き

前項における政治過程は両市長を中心としたものである。本項では，合併問題の再燃以降における政治過程について，住民の投票行動や，市長と関係の深いさまざまな団体間の相互作用も含め，より詳細に述べる。

1992年，保谷青年会議所の理事長経験者らが中心となり，「田無・保谷の合併をすすめる会」（以下，すすめる会）が結成された[6]。その翌年の1993年，保谷氏が保谷市長選挙で初当選し，保守市政が復活した[7]。保谷氏の後援会幹事長やつくる会会長は，保守系であるそれぞれの団体の立場から，都丸革新市政に対しての不満を有していた[8]。そこで，彼らが中心となり，市内の特定郵便局長を務める保谷氏を候補者として擁立した。この時点で，保谷氏と後援会などが会合を開き，保谷氏の選挙公約について検討したところ，保谷氏が是が非でもと提案したことではないものの，「すぐに合併が決まるわけではないし，とりあえず公約の目玉として」浮上したのが，田無市と保谷市の合併であった[9]。

すすめる会は，保谷市のさまざまな団体に対して賛助会員としての加入を呼びかけ，これらの団体からの寄付は，同会の活動資金となった。また，同会は保谷市の市議会議員に対して，田無市との合併を推進するよう説得した[10]。さらに，同会は住民に合併協議が進捗している印象を与えるため，『田無・保谷合併新聞』を発行した。しかし，保谷市の医師会・商工会などの団体が，合併への政治過程に積極的に関与していたのとは対照的に，田無市の商工会・医師会・青年会議所は，三者ともに合併に対して「消極的賛成」という態度を取った[11]。

市議会議員の動きについて検討すると，保谷市議会では，1992年から1997年まで，全定例会において合併に関する一般質問がなされ，この種の

質問を行った議員数はのべ82人にのぼる[12]。一方, 田無市議会においては, 合併関連質問を行った議員数はのべ28人にとどまり, この種の質問は, 同期間における全定例会ではなされなかった[13]。数字上の比較では, 保谷市議会議員の方が, 田無市議会議員より合併について議論しているように見える。しかし, 田無市長と与党の市議会議員は非公式の「与党会議」で, 合併に関する白熱した議論を行っており[14], 田無市議会においても, 非公式に両市の合併推進に関する合意が形成されていたことがわかる[15]。

　さらに, 市議会議員選挙について検討する。1991年における両市の市議会議員選挙で, 両市の合併推進を公約とした候補者は, 田無市で1人, 保谷市で6人であった。これに対し, 1995年の選挙では, 両市ともに, 両市の合併推進を公約とする13人の候補者が当選した（両市とも定数26人）[16]。1999年の選挙では, 両市ともに, 両市の合併推進を公約とした14人の候補者が当選した。一方, 合併推進政策の見直しや合併の是非を問う住民投票の実施を公約とした候補者は, 1999年の選挙において初めて見られた。しかし, この種の候補者は, 田無市では共産党の4人と, 生活者ネットの1人, 保谷市では共産党の4人と, 無所属市民派の1人が当選したにすぎなかった。

　以上から, 市議会議員選挙では, 合併推進派の候補者がそれ以外と比較して圧倒的多数であり, 両市における市議会議員選挙では, 両市の合併問題が争点とならなかったことがわかる。また, 1997年の保谷市長選挙では, 保谷氏が前回選挙と同様に, 田無市との合併を公約とし, 都丸前市長との選挙戦において当選した。同年の田無市長選挙においても, 末木氏が保谷市との合併を公約として当選した。しかし, これらの選挙における投票率は低く, 両市住民の合併問題に対する関心は, きわめて低かったといえよう。

　両市長が合併を選挙公約とし, 再選されたことにより, 1998年に田無市・保谷市合併推進協議会が設置された[17]。合併推進協議会では, 両市における行財政の現況調査, 両市合併の意義と効果の検討, ワークショップ形式で住民の新市に対する要望などを聞く「21世紀フォーラム」の開催, そこでの結果を考慮した新市将来構想の策定, ホームページの開設などが行われた。そして, 合併推進協議会は, 1999年に, 法定の田無市・保谷市合併協議会に移行した。合併協議会では, 新市名の公募, 新市建設計画の策定, 使用

料・手数料の調整，住民の合併に対する意向の調査方法などが協議された。

　こうした動きに対し，行政主導による合併推進に反対する両市住民が2000年に，両市に対して合併の是非を問う住民投票の実施を求める運動を行い，多くの署名を集めた（松内2000）。その有効署名数は，田無市では9,461（必要署名数1,245），保谷市では8,738（同1,655）にのぼる。しかし，住民投票条例案は両市議会でそれぞれ否決され，合併協議会事務局の提案した「市民意向調査」が実施された。「市民意向調査」は，18歳以上の両市民全員を対象とし，合併の是非以外に，新市名（5つの候補から選択）などについても問う投票式調査であった。これは，合併協議会により実施される任意調査であり，投票結果を法的に尊重する義務が両市に生じる住民投票とは異なる。しかし，両市長は市民意向調査の直前に，「いずれか一方の市で，反対票数が賛成票数を上回れば，合併を白紙に戻さざるを得ない」と発言し，市民意向調査は事実上の住民投票となった（西東京市企画部企画課編2001）。市民意向調査の投票率は，田無市で45.0％，保谷市で43.5％，両市合計では44.2％となり，高いとは言えない。保谷市では，合併賛成票数の割合が65.1％（反対票数割合25.4％）と，賛成票数が反対票数を圧倒したが，田無市では，賛成票数の割合が48.4％（反対票数割合42.6％）であった。この調査で，両市において合併賛成票数が反対票数を辛うじて上回ったことにより，2000年8月に合併が調印され，2001年1月21日に，合併が成立した。西東京市という新市名は，市民意向調査において投票者に最も支持された名称であった。

4. 田無市と保谷市の合併促進要因

(1) 田無市における新自由主義的市政運営と田無駅北口再開発

　ここまで，両市における都市化の中での政治と，両市の合併問題における政治過程について述べた。しかし，市長を除き合併への強い支持の声がなかった田無市が合併を推進した要因については，さらなる考察を必要とする。保谷市における合併推進要因が，財政基盤の根本的な脆弱さと，市の不整形な形状であることは明白である。しかし，保谷市の合併に対する積極性のみ

では，両市の合併は成立しない。そこで，本節では田無市を中心に，合併推進のより詳細な背景について論じる。

　海外では1979年からのイギリスにおけるサッチャー政権，日本では1980年代半ばの中曽根政権に代表されるように，1980年代以降，新保守主義・新自由主義が各国で進展した。新自由主義は，福祉国家からいわゆる「小さな政府」を有する国家への転換を目的とする政治思想であり，ここでは政府による福祉施策の充実に代わって，公共サービスの委託化・民営化に政策の重点が置かれる。

　こうして，1980年代に海外で進展した新自由主義は，日本の都市政治にも影響を及ぼした。田無市政が革新政党のみに支持されていた，1974年度の施政方針演説においては，「憲法を守り地方自治の確立を図る」，「産業優先より福祉優先」，「老人・婦人・子供の立場に立った福祉行政」など，革新政党のスローガンが数多く述べられている（木部1985：101）。しかし，前述のように，1980年代初期において，田無市政が中道へと移行するに従い，1982年度の施政方針演説においては，「下水道の受益者負担制度」（木部1985：278），また，1983年度の同演説においては「新市庁舎管理の民間委託」，「時代の推移を展望し，事務執行体制を効率的にし，民活導入ができるところは委託化」，「市民の自主管理が望まれる部門はボランティアに委ねる」など，新自由主義における一般的な政策目標が述べられている（木部1985：294）。この間，市長の交代は見られないが，新自由主義の進展という世界的潮流により，田無市長の政治的立場が転換したことがうかがえる。こうして，前述のように，田無市では民生費の削減や市業務の委託化が1980年代以降において行われた。そして，この新自由主義的市政運営で創出された財政的余剰によって，田無駅北口再開発が推進された。

　田無駅北口再開発は，田無駅北口に再開発ビルを建設し，田無駅周辺の区画整理を実施し，駅前広場を開設する事業であった。再開発ビル完成直前の1994年，未売却のビル内保留床を処分する窮余の策として，再開発ビルを管理するための第3セクターである田無都市開発株式会社（現，アスタ西東京株式会社）による保留床の購入が決定した。これに伴い，田無市が保留床購入費の3分の1を，田無都市開発に無利子貸与した。しかし，1995年に

田無駅北口再開発は竣工したが，その後，地価が下落し，田無都市開発が所有する保留床の評価額も購入時と比較して大幅に下落した。この問題を解消するため，2000年，田無市は約3億円を田無都市開発に対し支出した[18]。つまり，この問題は，バブル経済の崩壊に起因するものであるといえる。田無駅北口再開発は竣工後に以上のような問題を残し，それは田無市における財政状況悪化の一因となった。

(2) 田無市の工業におけるグローバル化の影響

田無市と保谷市の合併問題が再燃した1990年当時は好景気であり，田無市の財政力指数は高く，両市の合併は田無駅北口再開発の推進を目的としていた。しかし，1990年代初期におけるバブル経済崩壊後の田無市において，法人市民税収入の伸びの不安定化と，田無駅北口再開発における問題の処理により，田無市の財政状況は悪化した。このような状況下で，田無市は都市基盤整備や，さらなる高齢化に備え福祉施策の充実を図る必要があった。その結果，田無市における保谷市との合併目的は田無駅北口再開発の推進から，両市の財政基盤強化へと変化した。

そこで，この田無市における財政状況悪化の背景についてさらに考察を加える。田無市が保谷市より財政的に優位であったのは，大規模工場からの法人市民税収入が多額であったことによる。そこで，田無市に大規模工場を有していた，シチズン時計，石川島播磨重工業，住友重機械工業の3社における業績の変化について検討する。

まず，田無市の工業における3社の位置づけについて検討する。田無市における製造品出荷額総額において，精密機械器具の出荷額は6割，輸送用機械器具のそれは2割，一般機械器具のそれは1割程度を占め，この3部門は田無市の工業において大きな比重を占めていた（図1–5）。また，2000年におけるこれら3社の従業者数合計は，田無市における全工場従業者数の64.7%を占めた。この割合が1980年代以降，大きく変化していないことからも，3社の工場を田無市の工業を代表するものとして位置づけることが可能である。

続いて，これら3社の経営状況について検討する。まず，シチズン時計に

図1-5　田無市と保谷市における製造品出荷額の推移

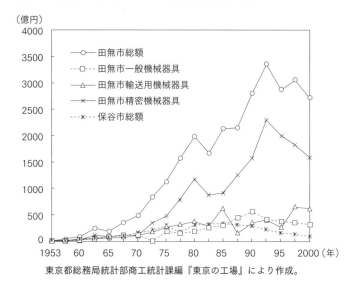

東京都総務局統計部商工統計課編『東京の工場』により作成。

おける経常利益の推移を検討すると，1980年代末以降，子会社を含めた経常利益，すなわち，連結決算による経常利益におけるシチズン時計単独の経常利益の割合は小さくなり，利益額の変動も激しかった（図1-6）[19]。連結決算の経常利益における単独企業のそれの割合が縮小することは，海外生産の比重が増大したことを事実上表す[20]。さらに，法人市民税は，連結決算ではなく，単独企業の決算に対して課税されるため，単独企業の経営状況が悪化すると，地方自治体の税収入に直接的な影響を及ぼす。また，シチズン時計は2002年3月期の単独決算において，第二次大戦後初めての赤字に転落した[21]。日本の時計生産額は1981年にピークに達したが，それ以降減少傾向にあり[22]，日本における時計製造業全体の動向は，シチズン時計の1980年以降における経営状況の推移と符合することがわかる。

次に，住友重機械工業の経営状況について検討する。住友重機械工業は，1985年度から1987年度まで経常赤字となり，それ以降も利益額の変動が激しかった（図1-7）。住友重機械工業の経常赤字は，1985年秋以降における円高進行の影響によるものであった[23]。一般産業用機械工業は，不況下にお

図1-6 シチズン時計株式会社の経営の推移

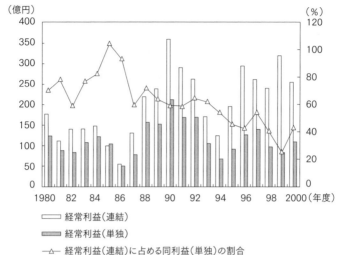

『有価証券報告書総覧 シチズン時計株式会社』により作成。

図1-7 住友重機械工業株式会社の経営の推移

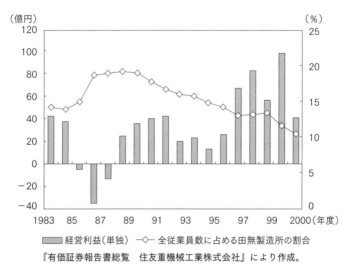

『有価証券報告書総覧 住友重機械工業株式会社』により作成。

図1-8 石川島播磨重工業株式会社の経営の推移

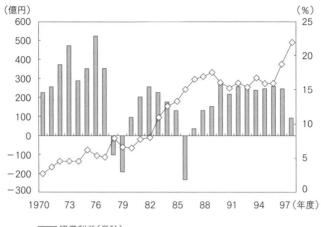

■ 経常利益(単独)
―◇― 全生産高に占める航空宇宙関連部門の割合
『有価証券報告書総覧　石川島播磨重工業株式会社』により作成。

いては，企業が設備投資を敬遠することから，不況の影響を受けやすいとされる（産業学会 1995：414）。さらに，住友重機械工業における田無製造所の位置づけについて検討すると，1990年代において，住友重機械工業の全従業者数に占める田無製造所の従業者数の割合は縮小した[24]。加えて，住友重機械工業は事業集約化による競争力向上と財務体質健全化を図るため，2002年9月30日付で，田無製造所全面積（132,000㎡）の約57％にあたる75,337㎡を売却した[25]。以上から，住友重機械工業における田無製造所の重要性は低下していたことがわかる。

最後に，石川島播磨重工業の経営状況について検討する。石川島播磨重工業では，田無工場などを拠点とする航空宇宙関連部門の比重が増大し，航空宇宙関連部門における生産高も増加傾向にあった（図1-8）。しかし，石川島播磨重工業は，1978年度，1979年度，1986年度に経常赤字となった。日本の造船業は高度経済成長期以降，「構造不況業種」とされており，1980年代以降は，韓国造船業の成長が著しい。造船危機といわれる中で，総合重機産業各社では，造船部門の業績悪化を他の部門の業績により補ったとされて

いる（産業学会 1995：480, 495）。石川島播磨重工業においても，造船重機械部門における生産不振が，成長を続ける航空宇宙部門の収益を相殺したと考えられる。また，石川島播磨重工業における航空宇宙部門工場の従業者数について検討すると，1980年代後半以降，田無工場の全工場における比重は縮小し，これに代わり，瑞穂工場（西多摩郡瑞穂町所在）の比重が拡大していた[26]。こうした状況において，同社は，2009年までに，田無工場など，工場の順次閉鎖を決定した[27]。

　1980年代以降において，3社の経営状況が悪化した要因は，工業のグローバル化であると考えられる。このため，1980年代以降の田無市における法人市民税収の伸びは不安定となり，田無市の保谷市に対する財政的優位性は，1980年代以降縮小したのである。

5. まとめ──グローバル化が後押しした行政主導の合併

　高度経済成長期において，両市の人口は急激に増加し，両市はベッドタウンへと変容した。これに伴い，両市は1970年代まで公共施設整備に追われた。また，新住民の増加とベッドタウン化により，両市では革新首長が比較的長期にわたり市政を担った。学校建設がほぼ完了した1980年代以降，豊富な法人市民税収入を有する田無市は，政策を都市基盤整備の推進へと転換させた。こうして田無市政は，当時における全既成政党の支持を受け，中道市政へと転換した。これを受けて，田無市は田無駅北口再開発事業に着手した。その後，1990年において，田無市は田無駅北口再開発の推進を目的とした保谷市との合併問題を再燃させた。しかし，1990年代初期におけるバブル経済の崩壊によって，田無市における法人市民税収入は減少し，さらに田無駅北口再開発ビルの保留床評価額も下落した。こうした諸問題により，1990年代における田無市の財政状況は悪化し，田無市における保谷市との合併目的は，財政基盤の強化へと変化した。

　これに対して保谷市では革新市政が継続し，福祉・教育重視の政策が継続されたが，保谷市は田無市と比較して財政基盤が脆弱であり，保谷市では都市基盤整備が遅れた。こうした背景により，1993年の保谷市長選挙において，

都市基盤整備と田無市との合併を公約とした保守系の保谷氏が当選し，保谷市がこの合併を推進する契機となった。

　両市の合併成立までの政治過程においては，商工会・医師会・青年会議所など，保谷市長と関係の深い団体のネットワークがある程度の役割を果たしたといえよう。このネットワークは，住民だけでなく，議員に対しても合併推進を迫る圧力となった。一方，田無市議会においては，与党会議を中心として，合併推進に関する市長と与党議員との合意形成が非公式に図られた。しかし，田無市において商工会・医師会・青年会議所などの合併推進活動は見られず，田無市の住民も合併に対する強い関心を示さなかった。このため，合併協議過程での，両市合併の是非を問う住民投票を求める住民運動においても，人口の少ない田無市における運動の方が，保谷市よりも多くの署名数を集めた。また，両市合併の是非を問う市民意向調査において，保谷市の合併賛成票数は反対票数を大きく上回ったものの，田無市の賛成票数は反対票数をわずかに上回ったにすぎなかった。保谷市では，根本的な財政基盤の脆弱さと，市の不整形な形状（図1–1参照）により，多くの住民は両市合併の利点を容易に理解でき，両市合併に賛意を示したと考えられる。しかし，田無市では，法人市民税収入が減少したことによって財政状況が悪化し，田無市は政府からの財政支援を得るためにも保谷市との合併が必要と考えたが，その必要性が住民や利益団体に対して十分に浸透しなかったのではないだろうか。

　田無市では，市政全般や保谷市との合併に関する住民の勉強会が，合併の是非を問う住民投票を求める運動と並行して行われていた。しかし，ここでの両市合併に対する認識は，「保谷市の市債発行額や債務負担行為額は，田無市と比較して大きく，このことは合併後，旧田無市民の負担増を招くのではないか」というものであった（酒匂 2000：37）。このことは，両市の財政的格差が縮小したにもかかわらず，田無市民が依然として，田無市の財政状況が保谷市より良好であるという認識を有していたことを示している。

　田無市では，当時でも広報紙（『市報たなし』）で財政状況を公表していたが，概して，それを理解できる住民は少なかったと考えられる。また，田無市に立地する企業の業績や，工場生産実績のような情報は，広報紙のような

形式では公表されない。これに対して，両市職員はこのような情報を理解し，また容易に把握できる立場にある。住民の多くが合併に関心のない中で，田無市の管理職は，上記の勉強会におけるような住民の認識とは逆に，グローバル化の影響により，大工場からの法人市民税収入や固定資産税収入の水準を，田無市が現状のまま維持し続けることは困難であると認識し，合併を推進した。

したがって，両市の合併における，住民への働きかけという点では，議会でもなく，利益団体でもなく，両市の管理職が相対的に大きな役割を果たしたと考えられる。実際に，田無市において合併問題が再燃したのは，市長の議会答弁からであり，また，合併協議においても，両市の職員により構成された合併推進協議会・合併協議会事務局は，協議会の公開や，ホームページ作成，結果的に事実上の住民投票となった市民意向調査の実施を提案するなど，合併協議を大きく推進させる役割を果たした。両市のベッドタウン化および人口の停滞というロカリティの変化と，新自由主義の進展，さらに工業のグローバル化は両市における政治行動に影響をもたらし，両市は行政主導によって合併したのである。

本章は，大都市近郊において，都市内の大規模工場が工業のグローバル化により業績を悪化させたことが，合併を成立させた重大な要因であったことを示した。この種の大都市近郊における大規模工場は，グローバル化の影響を受けるのみでなく，工場周辺の環境変化に伴い，操業が困難になるという問題も抱えている。結果的に，この種の工場は大都市圏外縁部へと移転してゆく。前述のように，田無市において，住友重機械工業田無製造所は大幅に規模を縮小させ，石川島播磨重工業田無工場はすでに撤退した。大都市近郊の都市から，大都市圏外縁部へと移転する企業や工場は，今後も増加すると考えられる。このような現象は，この種の都市における財政状況に大きな影響を及ぼす。したがって，郊外都市はこのような現象をそれへの対策等を含め，郊外都市における一般的問題としてとらえなければならないであろう。田無市と保谷市の合併は，郊外都市における工場と都市との関係について再考することの重要性をも示唆している。

1 本来，「旧田無市」「旧保谷市」と表記する必要があるが，「田無市」「保谷市」と表記する．
2 保谷村が東京府に編入されたのは，1907年であった．
3 これら3工場の操業開始は以下の通りである．シチズン時計東京事業所は1935年，中島航空金属田無鋳鍛工場（後に住友重機械工業と合併）は1939年，石川島播磨重工業（当時は石川島重工業）田無工場は1957年である．シチズン時計は，時計・プリンターなどの精密機械器具を，住友重機械工業は，一般産業用機械器具を，石川島播磨重工業は，航空機エンジンや宇宙機器などの輸送用機械器具を主に製造していた．
4 ここでは「中道」という用語を，木部市長が自民党から共産党までの当時における全既成政党から支持されていることにより，田無市政の政治的立場は保守的とも革新的とも言えない，という意味で用いる．
5 1990年9月7日付読売新聞には，「合併のメリットについて田無市の平賀元晃企画部長は『ミニ市は何をやるにも中途半端．例えば，現在進めている田無駅前の再開発には，市の年間予算（約240億円）の2倍以上の費用がかかり，財政規模は大きい方がいい』と説明する」との記事があり，都丸市長の発言は，これを指しているものと思われる．
6 彼らがすすめる会を結成したのは，保谷青年会議所の上部団体である日本青年会議所が，行政改革について学習活動を行っていたためである（2001年8月における元すすめる会事務局長への聞取り調査による）．また，すすめる会の会長は，当時の保谷獣医師会長であった．
7 当時，保谷氏の後援会長は，保谷獣医師会長であり，すすめる会の会長と同一であった．また，後援会幹事長は，後の保谷商工会長であった．商工会には青年部という下部組織が存在し，青年部には，青年会議所でも活動する会員が多かった（2001年12月における保谷商工会長への聞取り調査による）．また，保谷市長の選挙運動時における確認団体として，「新しい保谷をつくる会」（以下，つくる会）が存在した．つくる会会長は，2001年当時の保谷医師会名誉会長であった．保谷医師会は保谷獣医師会・歯科医師会・薬剤師会とも緊密であった（2001年12月における保谷医師会名誉会長への聞取り調査による）．
8 2001年12月における保谷商工会長および保谷医師会名誉会長への聞取り調査による．
9 2001年12月における保谷医師会名誉会長への聞取り調査による．
10 2001年8月における元すすめる会事務局長への聞取り調査による．
11 2001年現在の田無医師会長，元田無青年会議所理事長，および田無商工会への2001年11月における聞取り調査による．
12 保谷市議会1992年第1回定例会より，1997年第4回定例会までの全定例会会議録を用い，合併に関する一般質問を行った議員数を計数した結果による．
13 田無市議会1992年第1回定例会より，1997年第4回定例会までの全定例会会議録を用い，合併に関する一般質問を行った議員数を計数した結果による．
14 田無市議会と西東京市議会議員を務めた前市議会議員の一人への，2002年10月における聞取り調査による．

15 多くの場合，地方自治法の規定により，合併後の市町村議会議員定数は合併前の議員の合計数より小さくなる。よって，合併直前の2000年において，田無市は保谷市より人口が下回るため，合併後の市議会議員選挙では保谷市の議員が，当選に達する票を得るために有利であるとされた。しかし，田無市における共産党以外の全議員は，合併後の選挙で不利になると予測されることを承知した上で，合併に賛成したとされる。これは，市議会議員選挙の公示以前に，暗黙のうちに立候補者数が調整される，田無市の風潮によるとされる（田無市議会と西東京市議会議員を務めた前市議会議員の一人への，2002年10月における聞取り調査による）。

16 選挙における合併推進派候補者の増加は，1993年の保谷市長選挙において保守系の保谷氏が当選し，両市長の合併への方針が一致したことによる（田無市議会と西東京市議会議員を務めた前市議会議員の一人への，2002年10月における聞取り調査による）。

17 この協議会は任意協議会である。過去の市町村合併事例によれば，通常，法定合併協議会の設置に先行して，任意協議会が設置され，そこで事前調整や事前準備が行われることが多い（丸山2001：139）。

18 西東京市ホームページ（http://www.city.nishitokyo.tokyo.jp/topics/topics39_5.html）による。2002年11月3日検索。

19 シチズン時計は，1960年代以降，海外子会社を積極的に設立し，その数は2002年当時，合計46社に上った。このような海外子会社の設立は，1980年代後半から特に増加し，それらの進出先は主として香港であった（シチズン時計株式会社2002年版会社案内パンフレットによる）。

20 シチズン時計の事業所は，2002年当時，東京事業所（製造部門の拠点）と所沢事業所（研究開発部門の拠点）のみであった。当時，シチズン時計では，ムーブメント（腕時計の内部）のみが国内製造され，その90％は海外子会社に販売されていた。そして，海外子会社での完成品が，日本に逆輸入されるか，海外販売されていた。とくに，腕時計のバンド製造は90％を中国で行っていた。ムーブメント以降を海外で製造するのは，ムーブメントを覆う腕時計のケースの種類・デザインが多様で，製造の合理化・機械化が困難であり，製造を安価な海外の労働力に依存するためであった。加えて，ムーブメント製造も，90％は国内子会社で行われ，東京事業所で直接製造されるのは10％程度であった。この比率も，当時さらなる低下傾向にあったとされる（2002年10月におけるシチズン時計株式会社東京事業所への聞取り調査による）。

21 2002年10月におけるシチズン時計株式会社東京事業所への聞取り調査による。また，法人住民税は，法人税（国税）額に基づく「法人税割」と，法人所得の有無にかかわらず課税される「均等割」とに区分される。一般に赤字企業は均等割のみを納税する。

22 1981年における日本の時計生産額は5,291億円であったのに対し，1998年には2,184億円まで低下していた（経済産業省経済産業政策局調査統計部編『機械統計年報』による）。

23 大蔵省印刷局発行『有価証券報告書総覧　住友重機械工業株式会社　昭和63年3月期』による。

24 2つ以上の道府県または市町村に事業所を有する企業は，各事業所の従業者数に基づく分割基準に従って，法人住民税の法人税割を分割納付する。したがって，全従業者数

に占める田無製造所の従業者数の割合が縮小すれば，住友重機械工業が田無市に納付する法人市民税の法人税割額は減少することになる。
25　住友重機械工業株式会社ホームページ（http://www.shi.co.jp/）の2002年7月22日付プレスリリースによる。2002年8月5日検索。
26　大蔵省印刷局発行『有価証券報告書総覧　石川島播磨重工業株式会社　平成12年3月期』による。石川島播磨重工業の航空宇宙部門の主力工場は，田無工場と瑞穂工場であった。瑞穂工場の開設は，田無工場の操業にともなう振動により，近隣住民からの苦情が生じたのと，航空宇宙部門の業務拡大に対して，田無工場が手狭となったためであった（石川島播磨重工業株式会社航空宇宙事業本部空本史編纂プロジェクト編1987：35）。
27　2002年10月13日付日本経済新聞による。

●――第2章――

東京大都市圏郊外周辺部における最後の「開発型合併」
――東京都あきる野市

　第1章で検討した東京都田無市と保谷市の合併は，行財政効率化を主な目的とする「平成の大合併」の先駆けであった。こうした合併に対し，1970年代前半までの日本では地域開発，すなわち地方中心都市や新産業都市の整備を目的とした市町村合併がさかんに行われていた（横道・村上1993a，1993b）。

　一方，東京大都市圏の郊外でも地域開発に伴う市町村合併はわずかながらあり，1995年の東京都秋川市・西多摩郡五日市町の合併によるあきる野市の発足は，そうした合併の最後の事例であるとされる（横道・和田2000，2001）。

　そこで第2章は，秋川市と五日市町の合併までの過程を検討し，この合併が東京都による地域開発に伴う「開発型合併」であることを再確認する。その上で，発足から20年以上が経過したあきる野市に生じている問題の一端と，地域開発をめぐる東京都の動向との関係について明らかにする。そのため，第2章は合併後の行政サービスの変化について論じるものではない。

1. 秋川市・五日市町の合併と秋留台開発

（1）合併までの過程

　秋川市と五日市町は，東京都心部から40〜50km圏の秋川流域に位置する自治体であった（図2-1）。北部の丘陵部をのぞいた秋川市，五日市町の東部，西多摩郡日の出町の南東部には秋留台地が広がり，秋留台地より西側

図 2-1　研究対象地域（2002 年時点）

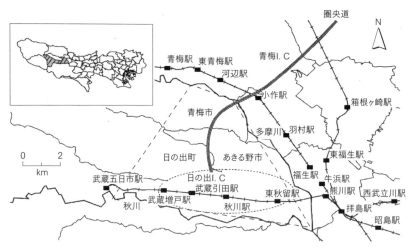

台形状に示された範囲が秋留台地域総合整備計画のおおよその計画区域を，
円状に示された範囲が秋留台地のおおよその範囲を表す。

で秋川が渓谷をなす。このため，五日市町は中心部と秋留台地上の東部とに区分され，中心部は谷口集落として古くから発展した（五日市町史編さん委員会 1976）。

一方，秋川市が市制施行する前の秋多町は純農村であったが，1960 年代半ば以降，国鉄五日市線の運行本数増などにより東京都心部への通勤者が急増し，宅地化が進んだ。また，近隣の青梅市や当時の西多摩郡羽村町に大規模な工業団地が立地したことなどに伴い，秋多町の農業人口は急減した（秋川市史編纂委員会 1983）。

秋多町は 1971 年に人口が 3 万を上回ったため，当時の時限立法にもとづき市制施行する方針を固めた。しかし 1969 年に秋多町・五日市町・当時の日の出村の区域が，「秋多都市計画区域」に指定されていたこともあり，五日市町と日の出村が檜原村を含めた 4 町村の合併を秋多町に求めた。最終的に秋多町の単独市制施行は認められ，1972 年に秋川市が発足した。これと引き換えに，合併促進協議会が 1975 年に発足したものの，具体的な協議に

は至らなかったとされる（あきる野市企画財政部合併管理室1996）。

　秋川市と五日市町において，合併への機運が高まったのは1991年末ごろからとされる。その背景には，「地方分権の動向，高齢化社会の到来などの社会情勢や秋留台地域総合整備計画，首都圏中央連絡道路等のプロジェクトに対応し，21世紀に向けて広域的視点に立った都市づくりの必要性，財政基盤の強化，自治能力の向上，あるいは八王子市と青梅市に挟まれた秋川流域の地域イメージの向上など」に対する強い認識があったという（あきる野市企画財政部合併管理室1996）。1992年の4市町村合併促進協議会において，日の出町と檜原村は合併協議に加わらないことと，秋川市と五日市町が合併協議を始めることが了承され，同年に秋川市・五日市町合併促進協議会が発足した。

　秋川市・五日市町合併促進協議会は1994年に『秋川市・五日市町新市将来構想』を策定した。この構想は「秋川市・五日市町を一体的な地域としてとらえ，豊かな自然環境を活かしながら，秋留台等の開発を適正に誘導し，均衡ある発展を図る必要がある」とし，合併の目的を「ゆとりある住宅の整備と成長性の高い企業の集積を進め，多摩地域における『新たな成長』のゾーン」となること，とした。そして合併の効果を，1）財政基盤の強化，2）余剰財源による高度な公共サービスの提供，3）行政区域の拡大による計画的な都市づくり，4）地域イメージの確立による人や産業の集積，にあるとした。とくに3）では，「住宅・産業立地における土地利用の適正化が可能となり，道路や下水道も行政界を越えて計画的に整備することが可能となる」とし，その結果，「秋留台開発などの大規模なプロジェクトが円滑に推進され，開発による税収増を地域全体で活用することが可能となる」とした（あきる野市企画財政部合併管理室1996）。

　新市将来構想の概要版が全世帯に配布されると，促進協議会は秋川市と五日市町の住民3,500人を対象に合併についての住民意識調査を行った。アンケートの回収率は秋川市67.1％，五日市町73.8％で合計69.1％であった。合併に「賛成」と「どちらかといえば賛成」の合計は42.4％，「反対」と「どちらかといえば反対」の合計は20.5％であったものの，前者について秋川市では44.2％であったのに対し，五日市町では38.4％，後者については

秋川市で 16.3%，五日市町で 29.6% であった。ここから，五日市町において合併に反対する人の割合がやや大きかったことがわかる。また，「どちらともいえない」と回答した人の割合が，秋川市で 38.9%，五日市町で 31.3% に上ることから，秋川市・五日市町の住民はともに合併への関心が必ずしも高くなく，また合併の必要性に疑問を持つ人も多かったと考えられる。

調査結果を受け，1994 年に法定協議会である秋川市・五日市町合併協議会が発足し，1995 年に「秋川市・五日市町新市建設計画」を策定した。そして同年に秋川市と五日市町の合併が成立し，あきる野市が発足した。

(2) 秋留台地域総合整備計画

ここで，前述の新市将来構想に見られる「秋留台開発」について触れておく。秋留台地の開発計画は，美濃部都政による 1971 年の「広場と青空の東京構想」で初めて公に示された。この構想は，間近に迫った東京都知事選挙を意識して作られたとされるものの（塚田 2002），多摩地域をベッドタウンから脱却させ，「自立的都市域」と位置づけ，秋留台地に研究開発機能・大学・コンベンションホールを誘致するとした（東京都 1971）。1978 年に秋留台地開発協議会が発足すると，1979 年の「五日市町長期総合計画後期基本計画」には，秋留台地の開発と無公害企業の誘致が記された（五日市町 1979）。

以上の構想は，東京都新都市建設公社による 1980 年の「秋多都市計画再検討調査報告書」で具体化された。この報告書では，1) 自立性の高い地域の形成，2) 西秋留駅（現，秋川駅）北口を秋留台地の中心とすること，3) 環境と調和しうる産業の誘致，4) 研究機能の誘致，が示された（東京都新都市建設公社 1980）。これらのキーワードは，1981 年の「秋川市まちづくり 10 か年計画」，1985 年の「西多摩地域広域行政圏計画」，1988 年の「秋川市グリーンフロント秋川構想」などの計画にくり返し現れる（表 2-1）（秋川市 1981，1988；西多摩地域広域行政圏 1985）。

一方，「広場と青空の東京構想」以後に策定された東京大都市圏の地域計画では，都心に集中する諸機能の分散がうたわれた。まず，1976 年の第 3

表2-1 秋留台開発をめぐる計画

年	国	都	市
1971		広場と青空の東京構想 　多摩地域を自立的都市域に。秋留台に研究開発機能誘致	
1976	第3次首都圏基本計画 　首都圏を広域都市複合体に		
1980		秋多都市計画再検討調査 　自立性の高い地域の構築。西秋留駅北口を商業センターに。環境と調和する産業の誘致	
1981			秋川市まちづくり10か年計画 　武蔵引田駅北口に研究施設誘致。西秋留駅北口土地区画整理事業
1982		第2次東京都長期計画 　多摩の「心」に業務機能分散。多摩地域の自立性向上	
1986	第4次首都圏基本計画 　業務核都市を中心に自立都市域の形成	第2次東京都長期計画 　秋留台地域に先端技術産業を誘致し、職住近接の住宅地に	
1988			秋川市グリーンフロント秋川構想 　秋川流域の中心市街地として商業核の形成。職住近接のため秋留台に都市型産業の誘致。武蔵引田駅北口に地域産業拠点の誘致
1990		第3次東京都長期計画 　多摩地域を自立都市圏に。秋留台などで1.6万戸の住宅地開発。圏央道建設促進	
1993		秋留台地域総合整備計画 　先端技術産業導入と就業の場の確保。秋川駅周辺を中心地区に	
1994			秋川市・五日市町新市将来構想 　多摩自立都市圏の新しい核に。研究開発型産業の誘致による職住近接の都市づくり。秋川駅北口に大型量販店誘致
2001			あきる野市総合計画 　秋留台は都内唯一の大規模開発の可能性を持つ地域。職住近接型の自立都市へ。新産業中心に企業誘致

各計画文書により作成。

次首都圏基本計画には,「核都市」という概念や,「職住近接」というキーワードが示された(国土庁 1976)。これを受けて,1982 年の東京都長期計画では,業務核都市に次ぐ機能を有する都市・地区を意味する「多摩の『心』」という新たな概念が示され,八王子市・町田市・立川市が指定された(東京都 1982)。1986 年の第 2 次東京都長期計画では,この多摩の「心」に青梅市が加わった(東京都 1986)。これは 1984 年に公式発表された首都圏中央連絡自動車道(以下,圏央道)によって,多摩の「心」の八王子市と青梅市とが結ばれるためであると考えられる[1]。

秋留台地は青梅市と八王子市の間に位置するため,1980 年代後半以降の秋留台開発をめぐる地域計画には圏央道というキーワードが多く見られた。当時の青梅市には大手電機メーカーの東芝や日立製作所のコンピューター部門の工場が立地しており,東京都はこれに関連する産業を秋留台地に誘致し,職住近接を図ることによって,当時大きな問題となっていた都内の通勤問題や住宅難を解消することを目指したと考えられる。

東京都都市計画局は 1991 年に,「秋留台地域総合整備計画策定調査報告書」を,また 1993 年には秋留台地の本格的な開発に向け,従来の計画をまとめ,「秋留台地域総合整備計画」(以下,秋留台計画)を策定した(東京都都市計画局 1991;東京都 1993)。秋留台計画は,多摩川・秋川・都道 31 号線(秋川街道)に囲まれた,秋川市・五日市町・日の出町・青梅市の 3,900ha を対象区域とし,目標年次を 2010 年とした。計画の背景には,「多摩地域の自立性を高めるための先端技術産業の導入と就業の場の確保」,「豊かな自然の中での職住近接」,「青梅をはじめとする多摩の『心』の育成と連携」などが挙げられ,「うるおいと活力の自立都市秋留台」が将来像とされた。そして,秋川駅周辺を秋留台地域の中心地区と位置づけ,先端技術産業の誘致と職住近接の市街地整備による 36,000 人の産業人口増加と 63,000 人の居住人口増加を目標とした。このように,秋留台計画には前述のキーワードが網羅されていた。

また,秋留台計画には,「秋留台地域に立地誘導を図る技術開発型産業は,豊かな自然に囲まれた業務環境や個性的な地区イメージを重視することが想定される」ため,「目標とする産業誘致のためには,効率的な社会資本投資

を図るとともに，新しい産業集積地区としてイメージを形成するため，まとまりと一体性があり，かつ一定のスケールを確保することが重要」とある。この「スケール」とは，行政区域のスケールを指すと理解でき，秋留台計画は，政治的には秋川市と五日市町の合併を誘導するものであったといえる。

2. あきる野市発足後の課題

(1) 産業立地と就業人口

　以上から，あきる野市の合併は，東京都の秋留台計画を促進することと，企業誘致に伴う利益の受け皿となることを目指したものであったといえる。それでは合併によって，秋留台開発はどの程度進展したのであろうか。

　あきる野市の新市建設計画では，2000年の人口を90,000と，産業立地に伴い就業人口を44,300と見込んだ。しかし国勢調査によれば，あきる野市の2000年の人口は78,351，就業人口は40,233と予測を下回り，2005年も前者が79,587，後者が40,265にとどまる。

　企業誘致については，半導体の研究開発を行う富士通あきる野テクノロジーセンターと，横河電機の子会社で半導体製造装置などを製造する横河ファインテックが進出した（写真2-1，写真2-2）。その一方で，1991年に秋川市に進出していた日本DECを前身とする日本ヒューレット・パッカードあきる野工場は，近隣の昭島工場と統合され2003年に撤退した（写真2-3）。あきる野市の決算歳入総額に占める法人市民税の割合は大きく増加せず，5％ほどで推移している。

　事業所統計によれば，富士通あきる野テクノロジーセンターの所在するあきる野市渕上地区では，1996年から2006年にかけて従業者数が1,730人増加し，また横河ファインテックの所在するあきる野市小峰台地区についても，739人の増加が見られる。ただし，1999年に行った旧日本DECへの聞取り調査によれば，秋川市に転居した社員は非常に少なかったという。このことと，あきる野市全体の人口が大きく増加していないことから，あきる野市では，企業誘致が人口増に結びついていないと言い得る。

写真 2-1　富士通あきる野テクノロジーセンター

「秋川市グリーンフロント秋川構想」策定以降の誘致が実り，
武蔵引田駅近くに建設された。
完成間近の 1999 年 5 月 9 日著者撮影。

写真 2-2　横河ファインテック

現，横河電機株式会社小峰事業所。
1999 年 5 月 11 日著者撮影。

写真 2-3　旧秋川市時代に誘致された元コンピューター工場

日本 DEC, コンパック, 日本ヒューレット・パッカードの工場を経て, 現在は私立小学校の校舎である。あきる野市菅生地区。2016 年 4 月 26 日著者撮影。

(2) 秋川駅周辺の商業環境と秋留台計画の凍結

　秋留台計画において, 秋留台地の中心と位置づけられた秋川駅周辺では, 1995 年に大規模小売店舗の「あきる野とうきゅう」と, 主に地元商店が出店する商業施設である「あきる野ルピア」が開業した (写真 2-4)。しかし 2007 年 11 月に, 秋川駅から直線で 1km ほどの距離にあり, 圏央道日の出 I. C. に近い日の出町三吉野桜木地区に,「イオンモール日の出」が開業した。ここは, 大規模小売店舗のサティ (現, イオン) と 160 の専門店からなり, 73,450㎡の店舗面積と 3,700 台の駐車場を有する (写真 2-5)。

　日の出町議会 2006 年第 1 回定例会における町長の答弁によれば, イオンモール株式会社は 2001 年 6 月に日の出町に対し非公式に進出を打診し, 日の出町の行政はこれを大歓迎すると伝えた。

　2002 年 3 月には圏央道が日の出 I. C. まで開通し, 同年 10 月にはイオンモール社が日の出町への進出を正式に打診した。秋留台計画において三吉野桜木地区は, 先端技術産業従事者の住宅地区と位置づけられていた。しかし 2010 年 12 月における日の出町役場への聞取り調査によれば, 2002 年当時

写真 2-4　秋川駅北口

「あきる野とうきゅう」の大きな看板が見える。とうきゅうの手前にある斜めの屋根をもつビルが「あきる野ルピア」。
2016 年 4 月 26 日著者撮影。

写真 2-5　イオンモール日の出

2016 年 4 月 26 日著者撮影。

写真 2-6　三吉野桜木地区

右側にイオンモール日の出。
イオンモール日の出の進出に伴い区画整理され，宅地化が進む。
2016 年 4 月 26 日著者撮影。

　東京都は三吉野桜木地区の開発に対し何も着手していなかったため，日の出町が「都にかわり三吉野桜木地区の土地区画整理を実施し，イオンモールを受け入れたい」と都に申し出たところ，「都ではもう開発をできないだろう」という回答とともに了承された。
　当時の三吉野桜木地区はほとんどが荒地であったものの，農振地域に指定されていたため，日の出町は指定解除をめぐり都や国と交渉を重ねた。町議会議員などからしばしば，「イオンは本当に進出するのか」と言われる中，町はイオンモール社との協議を月に 1 回のペースで，また地権者との交渉を進めた。
　三吉野桜木地区が農振地域から指定解除されると，日の出町は三吉野桜木地区を市街化調整区域から市街化区域へと編入し，用途地域を定めた。これにより，三吉野桜木地区は住商複合地区とされ，南部にイオンモール，それ以外には住宅・農地が配置された（写真 2-6）。
　一方，イオンモールの進出による近隣自治体への影響について町長は，自治体名こそ挙げなかったものの，「近隣の市で東急が来たときに日の出町に

相談はなかった。イオンモールの進出について，福生市などとも相談するつもりはない」と 2004 年の町議会第 1 回定例会において答弁した。

　実際には日の出町・イオンモール社とあきる野市との協議は行われた。しかし，あきる野市からの要望は，市内の道路，特に幅員の狭い道路に自動車が流入することへの対策を求めるもののみであった。日の出町は，あきる野市の商業団体からの抗議・要求を想定していたものの，そうした要求もなかったという。

　日の出町はイオンモールの進出について，「あきる野とうきゅうには厳しいのではないか」と認識しているものの，「現在のイオンモールでの雇用は 2,300 人。このうち日の出町民の雇用は 300 人。したがって近隣自治体の雇用には貢献しているのでは」とも語っている。また，日の出町の商業への影響から，イオンモール社は，町内業者にも専門店街への出店を認めたものの，テナント料が高く，これを負担できる町内業者は存在しなかった。現在のところ，町内の農家が核店舗であるイオンに野菜を出荷している程度にとどまる。

3. まとめ──尾を引く最後の「開発型合併」

　第 1 節で検討したように，東京都による地域計画は，東京都心部からの業務機能の分散を図る国の計画に従うものであり，秋留台地域は先端技術産業の集積した職住近接の住工地域として位置づけられてきた。都の計画にもとづき，秋川市や五日市町の総合計画にも同様の目標が明記された。これらの計画を総合するものとして，1993 年に秋留台地域総合整備計画が策定され，1995 年に秋川市・五日市町の合併が行われた。しかし，その後の景気の低迷により開発目標は達成されていない。

　秋留台計画は 1991 年の報告書をもとに策定されたため，同計画にはバブル経済の名残が見られる。しかし秋留台計画策定後，不況はさらに深刻化したにもかかわらず，1995 年に策定されたあきる野の新市建設計画は，秋留台計画の目標に修正を加えるものではなかった。

　東京都は事実上，秋川市・五日市町の合併を促進する役割を果たしたが，

合併後は合併目的そのものである秋留台開発から距離を置いた。2001年1月1日付『読売新聞』多摩版によれば、都知事が2000年5月に秋留台地域を視察し、翌月に「計画見直しプロジェクトチーム」を庁内に設置し、2001年度中に新たな方向を打ち出す、としていた。

　しかし2001年に策定された「あきる野市総合計画」では、「秋留台を中心とする一帯は、都内唯一の大規模開発の可能性をもつ地域」であり、「職住近接の自立都市として発展することが必要」であるとし、「新産業中心に企業誘致」を図る、と明記されており（あきる野市企画財政部企画課2001）、相変わらず過去の計画における発想から抜け出ていなかった。

　東京都は長らく、秋川駅周辺を秋留台地の中心と位置づけてきたものの、秋留台計画から事実上手を引いたことがイオンモール日の出の進出につながり、その結果秋川駅周辺地区の今後が不透明となる、皮肉な状況をもたらした。また、過去の計画における発想から抜け出ていないあきる野市には、あきる野市を取り巻く社会経済的状況への認識や、それをふまえた市の将来へのビジョンが欠落していると言わざるを得ない。このことは、あきる野市の当局がイオンモールの進出をめぐり、何の対応策も打ち出せなかったことにも表れている。

　秋川市・五日市町の合併は、開発や企業誘致のために行われたものであり、住民にはその意義がわかりにくいものであった。秋留台計画が事実上中止された今こそ、あきる野市は初めて、市民の参画による新たなビジョンを構築する必要があるのではないであろうか。

1　圏央道は1989年に都市計画決定され、1996年に関越自動車道の鶴ヶ島ジャンクション（JCT）から青梅インターチェンジ（I. C.）まで、2002年に日の出I. C. まで、2007年に中央自動車道の八王子JCTまでが開通した。

■■■ コラム③

東京大都市圏縁辺部における
グローバル化の影響と町村合併——茨城県鹿島臨海工業地域

　このコラムでは第1章と同じように，イギリスにおけるロカリティ研究を援用し，東京大都市圏縁辺部の鹿島臨海工業地域を対象に，工業地域の形成とその後の変化がこの地域の町村に与えた社会経済的・財政的影響を明らかにしたい。具体的には，1995年に茨城県鹿島郡大野村と鹿島町が合併し鹿嶋市の成立に至る過程を検討し，そうした政治過程と工業地域の動向とのかかわりを明らかにする。鹿島臨海工業地域の形成と変化については，茨城大学地域総合研究所（1974）を除くと，『茨城県史』・『鹿島町史』・『神栖町史』に記述がみられる程度である。

1．鹿島臨海工業地域の開発

　鹿島臨海工業地域の開発は，後進地域とみなされてきた鹿島地方の発展を目的として行われた。鹿島臨海工業地域は鹿島町・神栖町・波崎町[1]の3町にまたがり，その中心は鹿島港の設けられた神栖町であった。このため鹿島町と波崎町における工業地区の面積は神栖町ほど大きくなかった（図コラム3-1）。

　1963年に鹿島臨海工業地域は工業整備特別地域に指定され，1968年に中核企業の一つである住友金属工業株式会社（現，新日鐵住金株式会社）鹿島製鉄所が操業を開始した。工場労働者が流入した3町と大野村では人口が増加した（図コラム3-2）。大野村では全通勤・通学者のうち，鹿島町への通勤・通学者の割合が，1965年の約4％から1975年の約26％へと，同じく波崎町では神栖町への通勤・通学者の割合が，1965年の約0％から1975年の

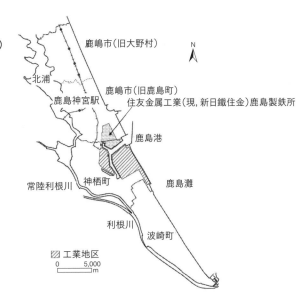

図コラム 3-1 研究対象地域（2004 年当時）

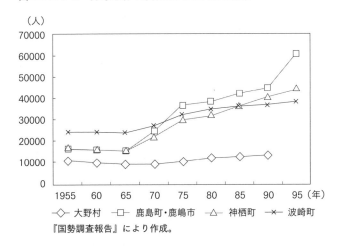

図コラム 3-2 鹿島地域4町村における人口の推移

『国勢調査報告』により作成。

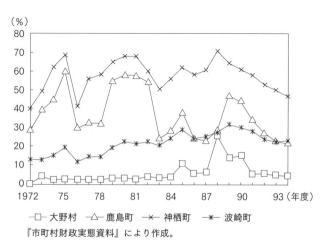

図コラム 3-3　鹿島地域 4 町村における法人住民税が住民税（全体）に占める割合

『市町村財政実態資料』により作成。

約22％へと増加し，4町村での通勤圏が形成された。

　鹿島開発によって，大規模工場が立地する鹿島町と神栖町は，企業からとくに多額の法人地方税と固定資産税を徴収することとなった。急激な人口増加と豊富な税収により，両町は公共施設を次々と整備した。しかし，鹿島町の町民税に占める法人町民税の割合は，1980年以降急激に小さくなり，財政力指数も低下した（図コラム 3-3）。

2. 鹿島臨海工業地域の合併問題と鹿嶋市の発足

　1990年，茨城県は鹿島町・神栖町・波崎町の町長および職員，茨城県，3町に進出した企業からなる「楽しい街づくり懇談会」の開催を呼びかけた。同会の準備会において，日本サッカー協会が住友金属蹴球団（現，鹿島アントラーズ）に対し，プロサッカーリーグ（Jリーグ）への参加を打診していたことを，住友金属工業の社員が明らかにした。これ以降，同懇談会は，住友金属蹴球団のJリーグ参加を強力に支援した。Jリーグが発足した1993年，県知事と3町長による「鹿島地域都市づくり懇談会」が開かれ，ここで初めて3町の合併が話題に上った。その後，同会に大野村長が加わり，1994年の懇談会で3町1村は2000年をめどに合併することを確認した。

　この合意にもかかわらず，同懇談会直後，大野村は鹿島町に対し吸収合併を要請した。この背景には，大野村が鹿島開発に伴う人口増加にもかかわらず，工業地域外のため財政基盤が脆弱であることと，村長の任期切れが迫っていたことがあった。これを受けて，鹿島町は神栖町と波崎町に対し，3町1村の合併を協議する会議を設けることを申し入れたが，神栖町が3町合併を優先して検討すべきであると回答したことから，鹿島町は大野村との先行合併を優先することとした。鹿島町議会議員（定数26）は，あくまで3町合併を求める勢力と先行合併支持の勢力に分かれたが，住友金属工業出身の5人が先行合併を支持したことが鹿島町議会の議決に大きく作用し[2]，1995年9月に鹿島町と大野村は合併し，鹿嶋市が発足した。

　合併後，鹿島・神栖・波崎の3青年会議所の合併により，かしま青年会議所が発足した。かしま青年会議所は3市町合併を協議する法定合併協議会の

設置を3首長に対し直接請求するため，1998年に署名活動を行った。しかし，鹿嶋市議会と波崎町議会において，法定合併協議会の設置に関する議案が可決されたのに対し，神栖町議会で否決されたため，3市町合併は成立しなかった。

3．鹿島臨海工業地域におけるグローバル化の影響と町村合併

　鹿島臨海工業地域は重化学工業地域として開発されたが，この種の部門は，とくに1980年代後半以降，円高や工業のグローバル化によって深刻な打撃を受けた。合併直前の1994年において，鹿島町の製造品出荷額に占める鉄鋼部門の割合は約93％であった。従業者数から類推すると，住友金属工業鹿島製鉄所は鹿島町の鉄鋼業を代表し，加えて同社は鹿島町の工業をも代表するともいえた。そこで，住友金属工業の業績について検討すると，同社は1984年・1987年・1994年に経常赤字となり，1990年以降の国内生産も不振であった（図コラム3–4，図コラム3–5）。

　さらに，住友金属工業の経常損益の推移と鹿島町の法人町民税額伸び率の推移を照合すると，住友金属工業が経常損益を計上した年度において，鹿島町の法人町民税の伸び率も低かった（図コラム3–4参照）。よって，住友金属工業の業績が鹿島町の税収額を左右していたことがわかる。住友金属工業は1995年・1999年・2000年にも経常赤字となり，経営環境は厳しかった。このような同社の経営状況を鑑み，鹿島町は財政基盤強化のため，大野村からの吸収合併の要請に応じたと考えられる。

　合併後，3市町法定合併協議会設置の直接請求がなされたが，前述のよう

図コラム 3-4　住友金属経常利益と鹿島町法人町民税伸び率の推移

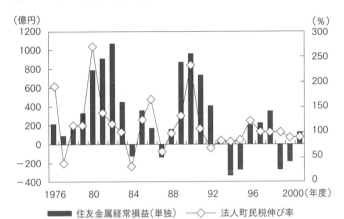

『有価証券報告書　住友金属工業株式会社』および
『市町村財政実態資料』により作成。

図コラム 3-5　住友金属工業における売上高（単独）に占める
　　　　　　　輸出販売額の割合

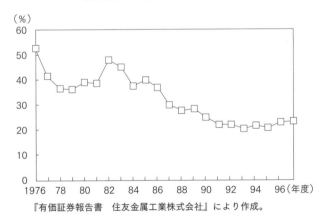

『有価証券報告書　住友金属工業株式会社』により作成。

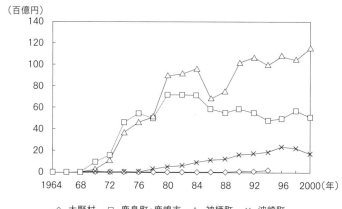

図コラム 3-6　鹿島地域4町村における製造品出荷額の推移

—◇— 大野村　—□— 鹿島町・鹿嶋市　—△— 神栖町　—×— 波崎町
『茨城の工業』により作成。

に合併協議会設置の議案は神栖町議会において否決された。神栖町は鹿嶋市と比較して多様かつ多くの企業を有し，鹿嶋市ほど部門も特化していなかった。1998年において神栖町の工業製品出荷額に占める化学部門の割合は約64％であり，特定の企業や部門の動向が神栖町の財政状況をただちに左右するわけではなかった（図コラム 3-6）。鹿嶋市が1999年度に地方交付税の交付団体となったのに対し，神栖町は交付団体に陥ることはなかった。神栖町は鹿嶋市との財政力の差を考慮したために，鹿嶋市との合併に応じなかったと考えられるのである。

1960年代の開発当時,鹿島神宮の所在する鹿島町は,鹿島町が鹿島地方の歴史的な中心であるとする立場から,神栖町を開発区域の中心に位置づける県の方針に反発したため,3町の合併は議論できる状況になかったとされる(茨城県鹿嶋市編1996)。こうした経緯により,鹿島臨海工業地域は鹿島町・神栖町・波崎町に分かれ,各町に立地する工場の業種や数が各町の税収を規定した。1990年代にふたたび3町合併が模索されたものの,鹿島町と神栖町の財政的な格差が,鹿島町と大野村による先行合併と,3町合併の挫折をもたらしたといえるであろう。

1　1995年の大野村と鹿島町との合併による鹿嶋市の発足後,2005年に神栖町は波崎町と合併し,神栖市が発足した。
2　奈良県市町村行政体制整備検討懇話会(1998年10月5日)における内田鹿嶋市長の講演による(http://www.pref.nara.jp/ctv/gapei/02torikumi/konwakai/koen/kashima.html,2003年5月23日検索)。

第 2 部

米軍基地をめぐる
大都市圏郊外の議会と行政

［写真］福生市の旧「赤線」（第 3 章参照）

かつては米軍人を主要客とした歓楽街であった。
現在は多国籍の飲食店が軒を連ねる。
2003 年 7 月 13 日著者撮影。

●——第3章——————————————————

郊外の在日米軍基地所在都市における文化と政治
——東京都福生市

1.「軍事のグローバル化」と郊外の在日米軍基地所在都市

　今日の世界では，先進国の経済や文化が世界中に浸透している。軍事に関しても同じことが言え，とりわけ米軍は，1990年代初頭におけるいわゆる冷戦の終結以降，自由主義を浸透させるという名目で，グローバルな展開を図っている。先進国経済のグローバルな展開が，多国籍企業の事業所の立地に見られるならば，軍事のグローバルな展開を支えるのは，軍事基地や基地の所在する都市であるといえる。

　しかし，基地所在都市では，軍事のグローバルな展開と引き替えに，基地の土壌汚染，軍用機の騒音，兵士による犯罪などの問題が生じる。こうした問題の実態は，主にルポルタージュにより明らかにされている（中国新聞社1996；梅林2002；琉球新報社2003）。基地の所在に伴う問題は，グローバルな軍事戦略が及ぼす，ローカルな場所への影響ということができる。

　とくに，日本には，日米安全保障条約に基づき，数多くの在日米軍基地が存在しており，基地所在に伴う問題は沖縄県のそれがよく知られている。沖縄県の基地問題が深刻なのは，沖縄が本州より遠く離れた地理的位置にあることと，観光といわゆる基地経済に依存した経済構造であるためである。琉球新報社（2003）は，沖縄・本州・プエルトリコ・韓国・米国本国における米軍施設の所在に伴う問題と施設への反対運動だけでなく，ドイツにおける旧ソ連軍施設をめぐる問題もリポートしている。

しかし，沖縄県と比較して地理的・経済的条件が有利であるにもかかわらず，首都圏には東京都と神奈川県を中心に，沖縄県に次いで多くの在日米軍基地が所在する。首都圏郊外の在日米軍基地を対象とすることにより，日米安全保障体制という国家を規定する一つの構造の下で，基地所在都市の政治が沖縄と首都圏とで同一であるのか，異なるのかを明らかにすることができる。

2. 在日米軍基地に関する従来の研究

海外における軍事基地に関する研究は Routledge（1992）を除き，ほとんど見られず，在日米軍基地に関する研究も非常に少ない。その中で，土岐（1976a，1976b）は，在日米軍三沢基地の所在する青森県三沢市の財政が，いわゆる基地公害に対する補償として国が交付する国庫補助金などに大きく依存していることを明らかにしている。

また山本（2005）は，米軍基地所在自治体の基地に対する認識について検討するため，長崎県の米海軍佐世保基地をめぐる佐世保市の政治を取り上げた。佐世保市では，1960年代の原子力艦艇寄港反対運動をめぐり，日本国憲法の下で在日米軍基地が存在することの矛盾が顕在化したものの，その後の佐世保市の行政は，佐世保基地やデモ発生地点に，過去の運動の記憶を覆い隠すような意味づけを行い，佐世保基地の存在の正当性を作り出してきたということが，行政資料の分析から明らかにされた。

さらに，山﨑孝史は，第二次大戦後の琉球政府・沖縄県の基地をめぐる政治過程・社会運動過程を，地元新聞記事と選挙結果の定量的・定性的分析から地理学的に解釈した（Yamazaki 2003；山﨑 2005b）。本章に関連することについてまとめると，i）県庁所在地や地方中心都市は，1950年代と1990年代の大規模な社会運動を媒介する「場所」として機能したこと，ii）1950年代の軍用地接収をめぐる闘争の際には，米軍がオフ・リミッツ（米軍関係者の一定地区立入禁止令）を発動し，その結果，基地への経済的依存の強い地域をはじめとして社会運動が収縮したこと，iii）大規模な基地反対運動が発生した1995年以降においても，沖縄県が本土と基地に経済的・財政的に

依存している構造が引き続き変化していないことから，選挙結果では，基地所在自治体や公共事業規模の大きい自治体で，保守系候補が支持される傾向が強く，こうした要因が，革新知事の退陣と社会運動の収縮につながったこと，である。以上から，沖縄の基地問題は，住民が日米安全保障体制という構造的制約の中で，時空間的な文脈に応じながら基地へのさまざまな態度を表明してきたことにより維持されてきたと結論づけられた。

　在日米軍基地を扱った地理学的研究が非常に少ないだけでなく，とりわけ問題の根深い沖縄県のそれを扱っていることから，山﨑の研究の社会的意義は非常に大きい。ただし，山﨑の研究は，社会運動と選挙結果の集合的分析と，沖縄県レベルの政治過程の地理学的解釈にとどまっている。それゆえ，山﨑の研究では，基地の存在や公共事業規模の大きさといった「地理的属性」が選挙結果に影響を与えたとするが，こうした属性は，選挙結果の定量的分析から結果的に導き出されたものであり，なぜこうした属性が保守票と結びつくのか，そのメカニズムは明らかにされていない。同様に，新聞記事の定量的分析の結果導き出された「県庁所在地」や「地方中心都市」という場所がどのようにして社会運動を媒介するのかということも明らかにされておらず，政治的中心であるからという程度の理由しか示されていない。要するに，山﨑の研究では，基地所在都市と基地との関係や，基地をめぐる社会運動が発生した場所がどのような過程を経て形成されたのか，その過程でローカルな政治がどのように機能したのか，ということが明らかにされていない。

　そこで，こうした集合的・定量的分析とは別に，特定の基地所在都市の経済・文化・政治過程を地誌学的に記述することにより，在日米軍基地所在都市と基地との関係が形成される過程，すなわち，日米安全保障体制という構造的制約の下でのローカルな政治的・経済的主体による「場所の政治」（序章参照）を明らかにする必要がある。

3. 在日米軍基地所在都市の文化・政治をめぐる研究視角

　ところで，基地所在都市では，米海軍基地のある神奈川県横須賀市のドブ

板通りのように，独特の文化が形成されることがある。こうした文化は，経済的主体や地方自治体がアメリカ的な文化を取り込み，都市空間に表象し，それをメディアが取り上げることなどにより根づいている。このため，こうした文化や，文化をめぐる外部からの表象，そして，こうした表象がローカルな政治・経済に与える影響を検討することも必要である。

政治地理学の教科書である Painter（1995：1–25）は，人文地理学における文化論的転回を踏まえながら，政治を，物質的・言説的な社会的実践により作り出されるものとみなす。そして，これまで政治学や人文地理学の研究者は，社会的実践の物質的・言説的過程のどちらか一方しか強調してこなかったとする。このため，彼は，政治の分析において，文化・メディア・言説といった非物質的過程にも着目すべきことを論じている。

ただし，現在のところ，政治地理学におけるローカルな政治の事例研究で，こうした非物質的過程を取り込めているものは少ない。そこで第3章は，メディアや文化が場所の政治に及ぼす影響をより深く検討するために，序章で触れた，個別の場所イメージの形成における文化・政治・経済のもつれ合いを明らかにしてきた「新しい文化地理学」の視点を「場所の政治」研究に援用する。そして，在日米軍横田基地の所在する東京都福生市と横田基地との関係がどのように形成されたのか，すなわち，横田基地をめぐる福生市の「場所の政治」を地誌学的に明らかにし，なぜ福生市に横田基地が存在し続けているのかを明らかにする。

ただしここでは，基地をめぐる経済・文化・政治過程を地誌学的に記述し，基地をめぐる文化・経済・政治的現象そのものが，相互に密接に結びついていることを示すことに重点を置くため，基地をめぐる現象にかかわる全ての政治的主体を抽出したり，これらの地域権力構造を明らかにしたりすることはしない。

こうした現象を記述するため，『福生市史』や『福生町誌』のような公的に編纂された歴史書だけでなく，地元新聞，ルポルタージュ，福生市を舞台とした小説，雑誌記事といった複数のテクストを用いる。そして，各種統計や聞取り調査により，こうしたテクストを補強する。地元新聞の記者から，小説家，市外のメディアまでの多様な書き手によるテクストを分析すること

により，公的な歴史書には記述されない現象を掘り起こし，それらが相互にかかわっていることを示すことができる。とくに，福生市の政治過程については，福生町・市議会の会議録や広報を用い，議員の一般質問や歴代首長の発言から，政治的主体が，横田基地をめぐる経済・文化過程や横田基地に対して，どのような認識を持っていたかを読み解く。

このあとまず，第4節において，横田基地にまつわる地域経済と独特の文化が福生市に形成されたことを述べる。第5節では，1970年代前半の在日米軍基地の再編と変動相場制移行により，第4節で述べた文化に変化が見られたことと，福生市の地域経済が停滞したことを述べる。第6節では，1980年代以降，福生市と基地の存在とが新たな形で結びつけられたことを述べ，その中で，メディアが福生市をどのように表象したかを解釈する。第7節では，福生市政が，こうした経済・文化過程のもととなる横田基地の存在について，どのように認識していたかということと，その背景について述べ，第8節をまとめとする。

4. 横田基地にまつわる地域経済の形成

(1) 米軍人を主要客とした歓楽街の形成

東京都福生市は，都心部より40km圏内に位置する住宅都市である（図3-1）。福生市は，JR青梅線や西武鉄道拝島線を利用すると都心部まで約1時間の距離にあり，交通至便な都市である。また，福生市は，国道16号線によって，東京都八王子市や埼玉県内各都市と結ばれている。

福生市の東部には在日米軍横田飛行場（以下，横田基地）が存在し，福生市の面積（10.2km²）の32.4％（3.3km²）を占める。横田基地は，福生市の他に，羽村市・武蔵村山市・立川市・昭島市・西多摩郡瑞穂町にまたがって立地している。このうち，福生市には基地面積の46.5％が存在し，福生市に次ぐ瑞穂町の29.4％を大きく上回っている。

明治・大正時代において，福生は養蚕を中心とした農村であった。福生では多摩川の浸食作用による河岸段丘が発達しており，多摩川沿いの氾濫原には水田が広がり，青梅線が走る中位段丘面には商業・行政機能と古くからの

図 3-1 研究対象地域と福生市の地形断面概略図

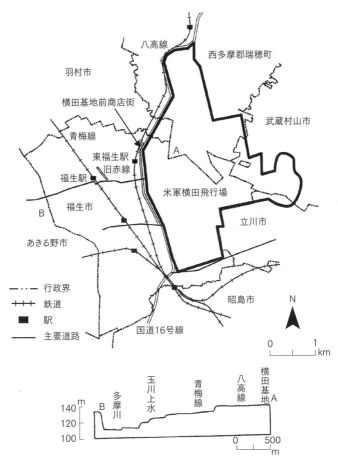

下図は上図におけるAからBの断面を表したものである。
福生市史編さん委員会（1994）により作成。

集落が立地し，上位段丘面には桑畑と平地林が広がっていた。

しかし，1940年以降，福生の農村としての性格は一変した。それは，同年に旧日本陸軍が上位段丘面に多摩飛行場を開設したことと，第二次大戦後間もなく，米軍が多摩飛行場を接収し，横田基地を開設したことによる（松山 1997）。

図3-2　福生市と近隣市町における小売業販売額の推移

東京都総務局統計部商工統計課編『商業統計調査報告』により作成。

　まず，横田基地のゲートに近い福生駅東口に米軍人を主要客とした歓楽街が形成された。当時の歓楽街の様子は，「飲食店街は基地米軍を対象としており，マバユイばかりのネオンの点滅する街なみと往来する外人の数は基地の町としての様相をきわめてはっきりと示しているものである。飲食店数169軒は人口56,000の青梅市の132軒にくらべれば，きわめて多い」（福生町誌編集委員会1960：190）と記されている。福生町の人口は，隣接する昭島市のそれと比較して少ないにもかかわらず[1]，福生町の小売業販売額は昭島市のそれに匹敵していた（図3-2）。これは，福生駅東口の歓楽街と，戦前からの福生駅西口商店街，戦後まもなく形成された横田基地前における商店街の3か所の，主要商店街の存在による。

　しかし，歓楽街では，売春が大きな問題となった。1950年の朝鮮戦争開始後，ここに売春を目的とする女性が全国各地より集まり，彼女らに対する貸家が，福生町内の地主や町外の事業家により多数建設された。同町ではこれを「置屋」と呼んだ（福生市史編さん委員会1994：473）。

　1952年5月，警察と周辺町村長・小中学校長・PTA会長などが集まり，売春の問題について協議した。ここで，国家地方警察東京都警察隊長は，福生町に売春婦が多いことと，「そのため青少年の不良化，青少年の犯罪特に

窃盗の件数が他町村より多い」ことを述べたのに対し,福生地区警察署長は,売春婦も「亦現在の福生には存在意義を持つ社会悪だ」と述べた。そして,東京都警察隊長は,売春婦について,必要悪であり「之を全然無くすることは出来ぬが極力之を無くすることには努力せねばならない」と協議を締めくくった[2]。

しかし,同年9月,横田基地司令官により,福生地区一帯米軍人立入禁止令(オフ・リミッツ)が発令された。これは,「街娼の町,福生よりアメリカ人家族の住む街への転換を示して正しく繁栄する福生町に換る」[3]ためとされるが,「司令官が巡視の際も兵士が営門より売笑婦と姿を消す等あり,取締りを強化しない限り司令官としては本国に送還される」(福生市史編さん委員会1993:110)ことを横田基地司令官が危惧したためとも言われる。

これにより,飲食店経営者や置屋の大家が経済的打撃を受けたため,彼らは福生町に対し,オフ・リミッツ解除の要請をしばしば行った。また,福生町議会では,「特殊婦人の落す金が相当額に昇っている関係上其の存在価値を高く評価している議員」と,売春婦が無統制に雑居していることから,「環境の悪化と青少年補導上其の影響の方を高く評価している議員と大体二つに別れて」[4]いた。

福生町議会での協議の結果,福生駅東口の一地区にいわゆる「赤線」が取り決められた。赤線とは,いわゆる特殊飲食店街とそれ以外との境界線のことで,バーなどの飲食店や「置屋」が,赤線区域外に出店すると取り締まりを受けた。

ところが,横田基地司令官は,「売春が一掃されない限りオフ・リミッツを解除しない」方針をとったため(福生市史編さん委員会1993:116),赤線の取り決め後もオフ・リミッツが発令された。

このため,福生町議会は,1953年に,売春とそのほう助などを禁止する「福生町風紀取締条例」を制定した(福生市史編さん委員会1993:116)。また,同条例制定後,赤線区域における置屋の組合とバーなどの組合が合同し,新たな組合と防犯協力会を設立した。これにより,売春婦の取締まりの主体は,警察から赤線区域の経営者へと移行した。1953年11月25日付『福生新聞』は,これを「大英断」と評し,この記事以降,『福生新聞』に赤線関

連の記事は見られなくなり，オフ・リミッツも発令されなくなった。

同条例を厳密に適用した場合，「福生町に住む約六百人といわれる"夜の女"の宿主と赤線区域内の業者は事実上の営業不能」（福生市史編さん委員会 1993：117）となる。ただし，同条例が厳密に適用されたかは不明である。一部の議員が，「こうした既成事実を作ることによって解除を早からしめるのだ」（福生市史編さん委員会 1993：117）と考えていたように，同条例の制定は，オフ・リミッツ解除のためのアピールという意味合いが強い。ともあれ，町議会・地元新聞・赤線区域の経営者が一体となった取り組みにより，米軍人を主要客とした歓楽街は消滅を免れたのである。

また，1953年10月15日付『福生新聞』における横田基地司令官へのインタビュー記事によれば，同司令官は「（赤線区域外の：引用者注）置屋を改造し，それを米軍関係者に貸与する」ことを福生町に要請し，「そうして街が浄化されればベース内の五百戸の家族も町に買物に出るだろう。それ等は皆福生町としては街娼婦に換る新しい購買力になるのである。街娼婦のみが購買力だとしている考へ方を切り換へ」るよう述べた。赤線の取り決めは，結果として，次項のハウス建設ブームにつながった。

（2）ハウス地区の形成

米国本土からの米軍人家族移住策と，朝鮮戦争に伴う横田基地への軍事力集結のため，基地内人口は増加し，基地内における米軍人家族の新規居住が困難となった。そこで，1951年，当時の横田基地司令官が，米軍人家族用の一戸建て貸家である「ハウス」の建設を福生町に要請した（福生市史編さん委員会 1994：577）。

ハウスは米軍によって規格化された平屋の一軒家で，全室が洋間であることと，平均10畳のリビングと庭があることを特徴とする（写真3-1）。1950年代におけるハウスの家賃は，当時の金額で1か月あたり25,000円から40,000円と高額であった。このため，高収入を見込んだ多数の農家が，自らの農地にハウスを建設した。

ハウスの建設は1954年に始まり，1960年までに福生町において1,523戸が建設された（福生市史編さん委員会 1994：576-577）。また，ハウスの建

写真 3-1 ハウス

2003 年 7 月 13 日著者撮影。

設は町内全域で行われたが，とくに上位段丘面の八高線と横田基地に挟まれた地区において集合的に行われた。以下，この地区をハウス地区と呼ぶ[5]。ハウスは，当時の高規格住宅であり，そうした住居で米軍人とその家族が営んだ生活様式は，当時の中位段丘面における旧住民のそれと大きく異なるものであった。

こうして，福生町にハウス建設ブームが訪れた。東京都商工指導所（1962：195）には，「米軍の駐留後は飛行場の建設拡張ハウスの建設その他基地としての施設整備のため日本人の大量の労働需要があり，またサービス業も日増しに増加し福生町が一躍，商人間に認識されるに至った。土地の商人は勿論外部からどんどん商業者が流入しても一時はこれ等軍人，労務者，サービス業者の需要を充すことができず福生町の黄金時代を築いた」とあり，ハウス建設ブームの地元経済にもたらした利益がうかがえる。

一方，当時の福生町都市計画課長は，「基地外ハウスからは勿論民間所有だから固定資産税は徴収できるが，民住者は米軍人である以上町民税の対象とはならない。しかし，基地外については水道の水は供給しなければならない」（橋本 1965：42）と記しており，町役場にとって，ハウス建設ブームに伴う利益は少なかったことがわかる。

(3) 横田基地前商店街の形成

また，横田基地に接する現在の国道 16 号線沿いでは，第二次大戦後まもなく，全国各地からさまざまな業種の店舗が集積し，2 か所の商店街が自然発生的に形成された（東京都商工指導所商業部 1997：14）。この横田商栄会商店街・福生武蔵野商店街振興組合の範囲は隣接しており，本章では両者を一括して「基地前商店街」と呼ぶ。この商店街は，道路の東側が横田基地のフェンスであることから，片側のみの商店街であり，総延長は 1,600m に達する。

1950 年代の基地前商店街は，「その全部が米軍相手のものであり，貴金属商・土産物商・自動車修理業などが軒をつらねて」（福生町誌編集委員会 1960：190）いた。基地前商店街には，これらの他にテーラーなどが多く立地し，英語の看板が並ぶ独特の景観が形成された。これら店舗の過半数は個人商店であり，それ以外は，有限会社が大部分を占めていた。また，店舗の平均営業年数は 6.3 年と短く，店主の年齢の平均も 39.9 歳と若かった（東京都商工指導所 1962：154）。東京都商工指導所（1962：155–159）による基地前商店街の診断結果は，店舗の内外装・商品管理・接客・商店会の活動などあらゆる点において評価が低く，都商工指導所は改善点の一つに，「殖民地根性の除去」(ママ)を挙げていた。

1960 年代末においても，基地前商店街の客層は変化せず，引き続き，日本土産・古美術・テーラー・刺繍加工店などが多く立地した。これに対し，食料品などの最寄り品店や飲食店はごくわずかであった（東京都商工指導所 1971a：8，1971b：15）。

ハウス・ブームと横田基地の存在により，福生町の上位段丘面では，近隣の羽村町（当時）や青梅市のような大規模な工業団地の造成が不可能となった。このため，福生町の製造品出荷額は近隣自治体と比較してきわめて少ない[6]。かわりに，福生町の第 3 次産業人口比率は，近隣自治体のそれと比較して早くから高かった[7]。

以上のように，福生町には，歓楽街，ハウス地区，横田基地前商店街という，横田基地の存在によって形成された 3 か所の場所が存在した。歓楽街は，特殊飲食店を「囲い込んだ」場所であり，ハウス地区と基地前商店街が存在

した上位段丘面では，ハウスと商店街以外，畑がほとんどであった。つまり，これら3か所の場所は，福生町の旧住民と隔離していた。中位段丘面の旧住民が歓楽街やハウス地区に抱いていた意識については，資料が少なく，明確なことは言えないが，旧住民とこうした場所との関わりは少なかったと推測できる。しかし，1970年代において，基地がもたらす経済効果が小さくなると，こうした場所への旧住民による蔑視が顕在化することとなる。

5. 基地縮小に伴う地域経済の停滞

（1）『限りなく透明に近いブルー』に描かれたハウスと福生

横田基地は，1960年代まで，滑走路の延長や，他の在日米空軍基地からの戦闘機移駐により，機能を拡充し続けてきた。しかし，1971年の戦闘機部隊の沖縄移駐に伴う輸送基地化や，ベトナム戦争の終結に伴う在日米軍施設の再編により，横田基地の駐留米軍人数は減少した（図3-3）[8]。このため，ハウスの空き家が増加し，ハウスの居住者は，米軍人に代わり日本人が中心となった。前述のように，八高線と横田基地に挟まれた地区には，数軒のハウスが集合的に立っている場所が多く，1970年代には畑も多く残存していた。

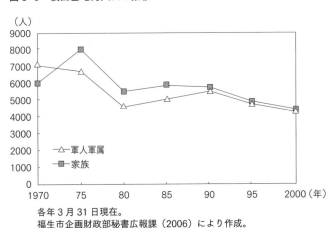

図3-3　横田基地内人口の推移

各年3月31日現在。
福生市企画財政部秘書広報課（2006）により作成。

したがって，自宅で騒音を気にすることなく楽器が演奏できることと，床がフローリングであることから，ハウスには音楽・美術関係者が多く入居した（荒居 2002：93, 97）[9]。

　この福生市のハウスを舞台にした小説が1976年に発表された。村上 龍による『限りなく透明に近いブルー』である。この作品は，作者の福生市における居住経験（1970年10月より1972年2月まで）にもとづき，いわゆるヒッピー文化の末期においてハウスで薬物に耽る若者の退廃的・享楽的生活や，彼らと米軍人との接触などを描いたものである。小説における出来事の多くは，福生市内のハウスや，歓楽街内と推測されるクラブなどで行われている。

　詳細は後述するが，『限りなく透明に近いブルー』は，メディアによる福生市の表象に影響を与えた。そこで，この小説の登場人物と，彼らが活動する場所である福生市の表象について確認しておきたい。

　『限りなく透明に近いブルー』の主人公リュウは，19歳の青年である。彼の周囲には，さまざまな出身地の男女が集まり，集団で薬物に耽っている。彼らの集うハウスには，大音響のレコードが絶えず流れている。さらに，アメリカ人の男女とともに薬物に興じる「パーティー」がしばしば開かれ，リュウはそこで米軍人から薬物を受け取る代わりに，彼らに日本人女性を紹介する役割を担っている。

　同小説における他の登場人物は，歓楽街と推測される場所でクラブを経営する女性，ヌードモデルを職業とする女性，無職と推測される男性などである。薬物に耽る彼らが考える自らの人生は，「この辺は部屋のたくさんある米軍用のハウスがあるから，グラス（大麻：引用者注）もあるし，パーティーなんか毎日やれるぞ。」（講談社文庫版：111），「もうすぐきっと死ぬよ。いつ死んでも平気さ，どうってことないよ，何も後悔なんか何もしてないしな。」（同：117）というものであり，それらには享楽的観念や無力感が漂っている。

　リュウも，他の登場人物と同じように，「俺はただなあ，今（略）からっぽなんだから，だから今はもうちょっと物事を見ておきたいんだ」（同：115）と言う。彼はある日，ハウスと推測される知り合いの女性の家から外

を眺める。そこには「黄色いフォルクスワーゲン」,「背の高いアメリカ人」,「日本人の婦人」,「制服を着た黒人兵」,ハウスと推測される住宅,「外人の女」,外国人の少女,といったさまざまなものが見える(同:55-58)。「いろいろ見ておきたい」リュウにとって,福生市は格好の場所であったと考えられる。また,彼らが薬物に耽るハウスを踏査した警察官は,彼らの生活態度を嘲るが,薬物の使用については黙認している(同:84-88)。『限りなく透明に近いブルー』の中の福生市は,若者が薬物に溺れ,享楽的観念を抱くことを可能にしていた場所であった。

　この小説について,小田(2000:156)は,村上が「現在でも続いている占領をあからさまに書いてしまった」と述べている。つまり,『限りなく透明に近いブルー』における福生市は,米国に占領された場所として表象されているのである。

(2) 福生の丘の上と下

　『限りなく透明に近いブルー』発表後の1979年,写真家坂野正人による「ハウス住民録」という作品が写真誌『アサヒカメラ』に掲載された。この作品は,ハウス内部とその住民を撮影したものであり,1980年に『トーキングアバウトフッサ』という写真集として出版された。

　坂野は,1973年より福生市のハウスに居住しており,写真集のあとがきにおいて,当時のハウス地区の様子を以下のように記している。ハウス居住者が,当時の日本人の若者によるハウス・ブームを客観的に振り返った記録は他になく,以下,この記録を用いながら,当時のハウス地区の状況と,そこにおける居住者の生活の一端に触れたい。

　まず,坂野はハウスに入居した理由について,「ハウスにはあらゆる芸術ジャンルの人間が集まり,ハウスの家並みを歩くと,かならずどこからか音が聞こえていたものだった。私もそんな音楽をやるためにフッサに来た1人であった」(坂野1980:あとがき1頁)と述べている。このことから,坂野は当時のハウス・ブームにおける一般的なハウス入居者の一人であったとみなせる。そして,坂野は,入居当時におけるハウス地区の状況を,「とにかく干渉される事がほとんどなく,ハウスに住んでいるというだけで,福生市

の市民という意識はまるでなかったし，（略）日本に住んでいるという感覚さえ失われていた。そんな訳だから，それぞれみんな勝手気ままに暮らしていたし，またそれが可能であった」（坂野 1980：あとがき 1 頁）と感じていた。この記述と前述の村上 龍の小説から，ハウス地区は黒人・白人・日本人の住民が混在し，既成概念にとらわれない生活の場であったといえる[10]。

しかし，坂野は「それが次第に，暮らしにくくなって来たのは，あの小説が騒がれてからである」（坂野 1980：あとがき 1 頁）と述べる。「あの小説」とは，『限りなく透明に近いブルー』を指す。

実際に，『限りなく透明に近いブルー』発表直後の 1976 年 9 月，福生市議会第 3 回定例会において，同小説とハウスに関する一般質問が行われた。質問議員（保守系無所属）は，「同小説が福生市のイメージダウンを間違いなく招いた」と述べ，「ハウスが再びクローズアップされ，どこから集まってきたのかわからないような若者により，『限りなく透明に近いブルー』が再発されることを心配」し，「ややもすると悪の巣になりがちなハウス対策」について市長に質問した[11]。

坂野はこの一般質問を引用し，これに対して，「はからずも，ハウスに対する地元の見方を象徴していて，"悪の巣"に住んでいる我々にとっては苦笑いといったところである」（坂野 1980：あとがき 1 頁）と述べている。さらに，「私が初めてフッサに来た頃は，ハウスに住んでいる若い連中はむしろ無視されていたように思う。地元では丘の上を蔑視する傾向があったのだそうである」（坂野 1980：あとがき 1 頁）と記している。「丘の上」とは福生市役所などのある中位段丘面から見た，ハウス地区などの横田基地周辺地区を指す。

福生市議会では，この一般質問の他にも，「基地があるために生活環境も悪く，青少年の非行も他市に比べて多い。あの歓楽街をなくせという声も聞く」（1978 年第 1 回定例会），「東福生公園（東福生駅近辺：引用者注）は基地や歓楽街に近く，非行の温床になりやすい。夏場になるとあそこは基地からアメリカの若者が出てきて不穏だ」（1978 年第 2 回定例会）といった一般質問があった。これらは共産党議員の一人によるものであったが，こうした質問も，横田基地や歓楽街と非行とを結びつけるものであった。

表 3-1　横田基地前商店街における店舗構成の変化

店舗業種	調査年				
	1970	1979	1983	1996	2003
男性衣料	7	6	6	10	12
女性衣料	2	2	0	4	4
アクセサリー	0	0	0	0	5
雑貨・軍装品	0	0	3	11	11
インテリア	5	2	6	1	7
日本土産・民工芸品・電化製品	17	13	13	3	2
保険代理	3	4	4	3	1
テーラー	16	12	10	5	1
飲食店	6	8	6	10	8
空店・空地・空家・民家・工場・駐車場	8	20	25	20	24

東京都商工指導所（1971a，1971b，1980），東京都商工指導所商業部（1997），
および 2003 年 6 月の現地調査により作成。

（3）横田基地前商店街の衰退

　一方，基地前商店街では，1973 年の変動相場制移行に伴う円高により，横田商栄会商店街の買物客に占める外国人の割合が 44.1％へと，また，福生武蔵野商店街振興組合のそれも 28.8％へと大幅に低下した（東京都商工指導所 1980：81）。このため，日本土産・民工芸品・電化製品とテーラーの店舗数が減少し，また，空地等が大幅に増加した（表 3-1）。

　こうして，同商店街は「目的買いのごく少数の固定客に支えられた」，自動車・オートバイ・紳士服店を中心とする「男性の街」となった（東京都商工指導所 1980：8）。また，東京都商工指導所（1980：42）は，「ハウスの老朽化や日本人のハウス入居などにより，ハウス地区に半ばスラム化したイメージが付与され，このことがハウス地区に隣接する同商店街にも影響を及ぼしている」と指摘した。

　前述の福生市議会における一般質問は，旧住民の「丘の上」や歓楽街に対する蔑視が，『限りなく透明に近いブルー』を契機に顕在化したものとみることができる。さらに，福生市議会だけでなく，東京都商工指導所といった政治的主体も，ハウス地区と基地前商店街を退廃的な場所として同一視したのである。

6.「基地の街」の新たな表象の形成

　『限りなく透明に近いブルー』は，1976年に芥川賞を受賞し，これ以降，福生市に関する雑誌記事が増加した（表3–2）。同年7月の『女性自身』の見出しにおける「FUSSA（福生）若き芸術家たちの限りなく透明なブルーの世界　芥川賞小説のモデルの街」のように，これらの見出しには「限りなく」という言葉が見られ，『限りなく透明に近いブルー』の芥川賞受賞による影響がうかがえる。

　記事の内容は，ハウス・歓楽街のクラブとディスコ・基地前商店街を全て扱うものが多い。とりわけ，ハウスに関する記事では，そこに居住する若者の生活，歓楽街では「夜」，基地前商店街ではアメリカンブーツなどの「掘り出し物」が強調されている。

　前述の坂野の記録によれば，『限りなく透明に近いブルー』の発表時には，すでに，多くの日本人の若者がハウスに入居したハウス・ブームは終わっていた。しかし，同小説の発表後も，メディアは「ハウスの若者」・「夜の歓楽街」・「アメリカ的な基地前商店街」に象徴される「無軌道なフッサ」（坂野1980：あとがき2頁）を表象しつづけたのである。

　また，『限りなく透明に近いブルー』に直接関連した見出しは，1977年以降見られず，かわりに，1978年以降，「アメリカ」という言葉が見出しに見られるようになる。前述の小田（2000）の解釈とは逆に，メディアによって福生市と米国とが肯定的に結びつけられていった。

　しかし，基地前商店街ではこうした動きに対応しなかった。それは，「相変わらず米軍相手という気風が強かったから，日本人相手という発想がまだあまりなかった」からだと言う[12]。1970年代後半の基地前商店街は，ゴーストタウンのような状況であったともいわれ[13]，同商店街に関する雑誌記事数も1980年代に入ると減少した。

　このため，同商店街では空き店舗が増加した。しかし，同時に，物件の賃料が値下がりしたため[14]，1980年代前半，当時のベンチャー企業が，同商店街に日本人若者向け衣料店を初めて出店した[15]。この企業の社長は，自らの

表 3-2　1970 年代後半における「赤線」・ハウス・横田基地前商店街に関する雑誌記事

年	月	見出し・雑誌名	小見出し・特徴的な表現	内容
1976	7	FUSSA（福生）若き芸術家たちの限りなく透明なブルーの世界　芥川賞小説のモデルの街（『女性自身』）	FUSSA―音楽の街　終電できて，夜明けまで踊るの／FUSSA―芸術の街　ベースと若者たちの奇妙な調和	ハウス住民（大滝詠一）の生活，赤線内ディスコ，横田基地前商店街の古美術店
1976	9	フォト・ドキュメント　福生の女王と呼ばれる女性の透明に近いブルーな…（『女性自身』）	日本であることを忘れさせる町，FUSSA	黒人米兵と結婚し，死別した日本人女性の福生における人生
1976	10	グラビア　徹底取材・その昼と夜　いま限りなく注目の…福生（『プレイボーイ』）	キャバレーやクラブ　ディスコが軒をつらねる東口の飲み屋街／ときおり通る長髪の若者やアメリカ人たち／午前0時をまわった頃若者は街とともに目をさます。ソウルやロックのサウンドが流れ若い黒人兵とふざける日本娘	昼：ハウス，横田基地前商店街／夜：赤線内のクラブ・ディスコ
1976	11	特集グラビア　TOKYO 新地帯　限りなくブルー…の町福生 NOW いま FUSSA で何が？（『週刊女性』）	福生へ行ったら限りなく踊れ！／ハウスの住人はなぜかハッピー／横田基地の前の通りでは珍品雑貨が安く買える！	赤線内のディスコ，ハウス，横田基地前商店街
1978	3	AMERICAN LIFE IN 福生（ふっさ）東京の西のはずれにリトルアメリカがあった（『angle』）	"ハンパ"じゃない福生人／白いハウスと小さな庭／ハードロックの夜はふけて	横田基地前商店街，ハウス，赤線内のライブハウス
1979	6	Pop Wide　ライバル物語・基地の街　横須賀か？福生か？アメリカン比べ！（『女性自身』）		横田基地前商店街の土産物店，刺繍店，赤線内の喫茶店

「赤線」・ハウス・横田基地前商店街のいずれかについて詳しくリポートしているもののみ掲載。
『大宅壮一文庫雑誌記事索引』により作成。

青春時代を 1960 年代の福生で過ごしている。彼は，当時の福生について，「非ニッポン的な雰囲気に満ちた数々の店，黒人たちの独自なファッション，ソウルミュージックやハードロック，ジャンクでディープな小物や家具。（略）そこは私の好奇心をたまらなく刺激してくれる，エキサイティングな街だった」（中島 2004：166）と記している。

彼の米国に対する意識は，それまでの基地前商店街の店主の意識とは大きく異なっていた。彼は日本人若者向け衣料店を初めて出店しただけでなく，その衣料店の外装を米国風にしたが，この種の外装は，それまでの同商店街

表 3-3 国道 16 号線拡幅後における「赤線」・ハウス・横田基地前商店街に関する雑誌記事

年	月	見出し・雑誌名	小見出し・特徴的な表現	内容
1988	6	YOKOTA BASETOWN STORY 福生シンドローム（『宝島』）	米軍ハウス，R＆R，ドラッグ "不良の街" 福生が生んだ数々の伝説をひもといてみると…	福生のライブハウス，福生出身のバンド，ハウス，横田基地前商店街
1990	1	福生・調布・玉川学園・町田・多摩センター大情報　ドライブ・マップ付（『Hanako』）	ラップ，レゲエに '60's…。ブラックミュージックで夜をぶっとばせ！／食べ物も国際化している FUSSA です。フェンスの外は無国籍エリアみたい／ベースのそばでしか手に入らないグッズを買って，得意満面	赤線内のバー，ライブハウス，横田基地前商店街のジーンズ店・アメリカ雑貨店
1990	8	ベース・タウン・ルポ　福生・不滅のラブ＆ピースを求めて（『宝島』）	福生のブラック＆ソウル系のディスコの盛り上がりぶりはここ最近物凄い。ベース仕込みの音楽は都心より，早いし，やっぱり，モノホンのブラックの踊りはノリが違うぜ！	赤線内のライブハウス・喫茶店・バー
1992	8	青梅線・福生　夏の名残りの1日，自由斬新の街・福生で遊ぼ！（『Hanako』）		赤線内のバー，横田基地前商店街の古着店・中華料理店
1994	8	イラストマップ・ガイド付き　この夏は福生が熱い！米軍基地の街は，渋谷に飽きた若者でいっぱい！（『週刊プレイボーイ』）	外人がいっぱい。ここはアメリカ？／自由が丘や吉祥寺にはしたくない！	横田基地前商店街の雑貨店・古着店，赤線内のバー
1995	4	フリーウェイを使いこなして，東京ワンデー・ドライブ。16号線沿いのボーダーシティ・福生。フェンス伝いのリトル・アメリカ。（『Hanako』）	続々と増殖するファンキーな雑貨屋や多国籍料理店。もちろん基地の街らしい米軍御用達渋め老舗店も健在で，このラフな気分に浸ると，もう都心には戻れなくなる！	赤線内のバー，横田基地前商店街のイタリア料理店・中華料理店・雑貨店・テーラー・刺繍店・日本土産店
1996	7	週末5千人！　第二の原宿に…国道16号若者があふれる横田基地ってどんな街？（『週刊宝石』）	日本にいながらアメリカが満喫できる休日スポットとして注目／ベトナム戦の迷彩服を発見／村上龍も青春のひとときを／米兵とお友だちになる ABC	横田基地前商店街，ハウス，赤線，村上　龍，山田詠美
1997	3	米軍ハウス　アメリカナイズされた空間を自分なりに工夫して住む。（『散歩の達人』）	ハウスのいいところは広いスペースと安い家賃／自分好みの部屋にリフォームするのが楽しみ／隣近所を気にしないで音を出せるところがいい	ハウス
1997	8	SPA！版東京裏ウォーカー　流れ者文化が脈々と続く，米軍極東総司令部のある街（『SPA！』）	流れ者文化が脈々と続く，米軍極東総司令部のある街	山谷，秋葉原，東大駒場寮，赤線内のバー，横田基地前商店街
1999	9	アメリカンテイストが滲む多摩の異国ジャンクタウン福生（『多摩ら・び』）	ジャンクが通りを彩る16号線沿い／フレンドシップパーク近くで出会った年輩の人が語る，ハウスでの交流	赤線，横田基地前商店街，ハウス
2000	8	福生　米軍基地のある国道16号線沿いで異国ムードあふれるショップをめぐろう（『Tokyo Walker』）	個性的なショップが建ち並ぶ！	横田基地前商店街の雑貨店・カフェ
2001	7	アジア雑貨タウン2　福生　米軍横田基地があり異国ムードがあふれるタウン　国道16号線沿いを中心に小さな雑貨ショップがたち並ぶ　通りを行けばアジアンアイテムもひとそろい！（『Tokyo Walker』）		赤線内の東南アジア食材店，横田基地前商店街のアジア雑貨店・アジア料理店・洋菓子店

「赤線」・ハウス・横田基地前商店街のいずれかについて詳しくリポートしているもののみ掲載。
『大宅壮一文庫雑誌記事索引』により作成。

写真 3-2　横田基地前商店街

2003 年 7 月 13 日著者撮影。

には見られないものであった。

　こうした新たな動きはあったものの，1980 年代における近隣自治体の小売業販売額が増加を続ける中，福生市の小売業販売額は横ばいであった（図 3-2 参照）。とくに，1985 年のプラザ合意は，基地前商店街に深刻な打撃を与えたとされ[16]，同年に福生市のみ小売業販売額が減少した。

　ところが，1980 年代末期以降，際コーポレーションの試みが結実することとなる。東京都が 1988 年の国道 16 号線拡幅工事完成に合わせ，基地前商店街をモデル商店街事業に選定した。これにより，同商店街は東京都からの補助を受け，道路と商店街の間に歩道を整備した。拡幅以降，際コーポレーションが飲食店や日本人若者向けの雑貨・衣料店を多数出店し，それに触発された若者の出店も見られた[17]。このため，1990 年代に入ると基地前商店街に関する雑誌記事数も再び増加した（表 3-3）。以上の結果，「円高の進行以降，横田基地前商店街の主要客は，米軍関係者に代わり，『近郊の若者』になった」（東京都商工指導所商業部 1997：1）とされる（写真 3-2）。

　実際に，東京都商工指導所商業部（1997：23, 41）の基地前商店街来街者アンケート調査[18] によれば，基地前商店街来街者の年代は，10 歳代と 20 歳代が 56.3％ を占め，その居住地は，福生市（29.0％）のみでなく，福生

市を除く基地立地市町（21.0％）や，埼玉県（14.3％）にまで及んでいる。

また，来街者は基地前商店街の魅力を「通りが外国みたいでよい」（23.7％），「面白い店が沢山ある」（19.4％），「面白い品物（輸入品）が沢山ある」（14.5％）ことなどととらえている[19]。来街者の中で，「4店以上」に入店した人が46.0％を占めることも，この魅力を裏付けている（東京都商工指導所商業部1997：67，69）。

国道16号線拡幅以降における雑誌記事は，1970年代後半と同じように，基地前商店街・歓楽街・ハウスを全て取り上げているものが多い。ハウスは，老朽化やミニ開発の結果，2002年現在までに，200戸ほどにまで減少し（荒居2002：92），歓楽街でも，米軍人を主要客とするバーは，現在までにごく少数となったにもかかわらず，雑誌記事には，1960年代・1970年代の回顧とともに，これらの場所を紹介しているものが多い。

それだけでなく，これらの場所が，横田基地のそばにあることや，「基地の街」の雰囲気なるものを強調する記事が多い。こうした特徴は，「16号線沿いのボーダーシティ・福生。フェンス伝いのリトル・アメリカ」（『Hanako』1995年4月号）などの見出しに表れている。東京都商工指導所商業部（1997：1，2）も，この見出しに触れ，「商店街は基地と16号線の三位一体である」とし，「外国的な雰囲気」を前面に出すよう提案している。

つまり，こうした再活性化は，横田商栄会や福生武蔵野商店街振興組合の主導ではなかった。横田基地前商店街では，店舗の入れ替わりが頻繁であることから，店舗間のつながりは弱かった[20]。また，福生市議会でも，国道16号線の拡幅工事の進捗状況や，拡幅に伴う補導の整備への補助に関する一般質問が行われた程度であった。基地前商店街の再活性化は，モデル商店街事業という東京都の支援はあったものの，歓楽街に活気があった1960年代に福生で青春時代を過ごした人物が，アメリカ的な店舗を出店したことが契機となったのである。

出店に際し，この人物は，商店街のすぐ隣に基地が存在するという「雰囲気」を見出し，これを利用した。続いて，メディアが福生市と基地とを新たな表象によって結びつけた。つまり，彼らは，基地を直接的な経済効果の対象から，政治・経済と切り離された「イメージ」に後退させた。そして，そ

の「イメージ」を商店街に付与することにより，場所の差異を際立たせた。その結果，基地前商店街という場所が「商品化」され，再活性化が達成されたのである。

7. 福生市政と横田基地

　これまで，横田基地の存在という構造的制約の下で基地にまつわる地域経済や独特の文化が形成され，政治的・経済的主体がこれにどのように対応したかを見てきた。その中で，売春という負の影響を政治的・経済的主体が黙認せざるを得なかったことや，1980年代後半以降，メディアが福生市と横田基地とを新たな形で結びつけたように，福生市のローカルな政治的・経済的主体やメディアは，基地の存在という構造的制約を支える役割も果たしてきた。すなわち，今まで見てきた過程には，福生市の「場所の政治」を垣間見ることができる。

　第7節では，さらに，福生市の政治的主体が，福生市政において，こうした文化・経済的現象のもととなった横田基地の存在自体をどのように認識し位置づけていたかということを，福生市を取り巻く異なるスケールの過程を交えながら述べ，前節までの過程と合わせて，横田基地をめぐる「場所の政治」の全体を示したい。

　福生市政の横田基地に対する具体的な施策は，基地資料集の作成や軍用機騒音の測定を行った程度であった（福生市企画財政部秘書広報課 2006）。したがって，以下では，とくに歴代首長（表3-4）の基地に対する考えや，市議会における議論を中心に，これらに見られる政治的主体の横田基地に対する認識とその背景を考察したい。

（1）福生市の都市基盤整備と横田基地

　1956年に就任した秋山誠一町長は，「基地の町として特異な発展をしてきた福生町としては，基地経済に依存することは危険であるが，基地経済を等閑に付すことはできない」と述べている[21]。秋山町長は，国による横田基地関連の補助金[22]によって，とくに教育施設の充実に重点を置いた町政を展開

表3-4 福生市における市議会の政党別構成と歴代首長

市議会の政党別構成								歴代首長		
議員選挙年	定数	保無	公	社	民社/民主	共	革無	生ネ	首長選挙年	当選者氏名・政党	得票率(%)
1967	24	23	0	0	0	1	0	0	1964	石川常太郎（無）	＊
1971	24	19	3	1	0	1	0	0	1968	石川常太郎（無）	78.5
1975	24	17	4	1	0	2	0	0	1972	石川常太郎（無）	77.4
1979	24	16	3	1	1	2	1	0	1976	石川常太郎（無）	76.2
1983	24	16	4	1	1	1	1	0	1980	田村匡雄（無）	84.1
1987	24	16	4	0	1	2	1	0	1984	田村匡雄（無）	80.0
1991	24	15	4	1	1	2	1	0	1988	石川彌八郎（無）	77.5
1995	24	15	4	1	1	2	1	0	1992	石川彌八郎（無）	80.0
1999	22	12	5	0	2	2	1	0	1996	石川彌八郎（無）	73.9
2003	22	13	4	0	2	1	1	1	2000	野沢久人（無）	72.4

保無：保守系無所属，公：公明党，社：日本社会党，共：日本共産党，革無：革新系無所属，
生ネ：福生・生活者ネットワーク，無：無所属　＊：資料なし
福生市選挙管理委員会編『選挙の記録』により作成。

した。

　その後，1960年から1975年まで，福生町の人口は急増した。このため，福生町では公共施設の整備が急務となった。しかし，1960年に就任した瀬古清蔵町長は，きわめて短期間のうちに，公共施設の整備と新町庁舎の建設を行ったため，福生町は1965年に財政再建団体に転落した[23]。

　1964年に就任した石川常太郎町長は財政再建に努め，その結果，福生町は1967年に地財法適用解除を果たした。この間，福生町は1970年ごろまでに学校などの義務的な建設事業をある程度完了させた。

　ところで，1970年代前半，米国は，ベトナム戦争の長期化に伴う財政危機を回避するため，関東地方の米空軍基地を横田基地に集約し，同基地に在日米軍総司令部を置く「関東空軍施設整理統合計画」（以下，関東計画）を進めた。これにより，横田基地の軍人数は削減されたものの，横田基地に総司令部が置かれたことにより，横田基地の早期返還の可能性は小さくなった。

　一方，地財法適用解除後においても，町長は，「町の財政力は弱く，どうしても国や都からより多くの補助金をもらうよう心がけなければ，より以上の事業ができない」と述べていた[24]。このため，福生町が1970年に市制を施行した後，石川常太郎市長は，「防衛施設周辺の生活環境の整備等に関す

図3-4 横田基地関連補助金・交付金額の推移

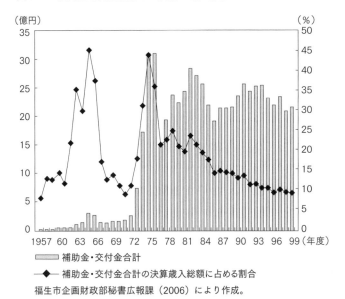

福生市企画財政部秘書広報課（2006）により作成。

る法律」（以下，生活環境整備法）制定に向け奔走した（石川1984：83-91，112-115）。これが奏功し，日本政府は，関東計画の見返りとして，生活環境整備法を制定した。

　生活環境整備法制定まで，基地の存在に伴う負担への補償は，1953年制定の「日本国に駐留するアメリカ合衆国軍隊等の行為による損失補償に関する法律」に基づく，基地周辺の道路の補修や学校防音工事への補償が主であった。生活環境整備法の制定により，民生安定施設建設に対する国の一部補助（8条）や，特定防衛施設周辺整備調整交付金（9条）が追加された。市町村は9条の交付金を，街づくりに関する用途であれば自由に用いることができる（福生市企画財政部秘書広報課2006）。

　福生町は，1960年代前半の瀬古町政から，1967年の地財法適用解除にかけて財政危機にあったため，生活環境整備法制定以前から防衛補助への依存傾向は強かった（図3-4）。「義務的な事業である学校建設などは早く成し遂げ，文化的な方面にも財源を投入」したいと考えていた市長は[25]，1974年の

生活環境整備法制定により，こうした傾向を再び強め，1970年代後半に市民会館・公民館・商工会館・健康センター・図書館・下水道などを一挙に整備した。これらは全て，8条による補助を受けて整備された。

石川常太郎市長の横田基地に対する考え方は，「基地は存在しないことが望ましいが，国際情勢などを考えるとやむを得ない」(1975年度) というものであった。その代わりに，福生市は，「基地による問題の代償，すなわち，財政上の負担を国に要求」した。これは，「財政基盤の弱い福生市にとって，このことが最も市民福祉に直結する」という市長の考えからであった[26]。

1970年の町議会第2回定例会では，保守系無所属の議員より，「米政府は基地の永久化を表明しているから，基地公害を商品として政府に当たるのが当然だ」という一般質問がなされた。これに対して，石川常太郎町長は，「表現はまずいが公害の取引とならざるを得ない」と答弁した[27]。市長と市議会は，日米安全保障体制が短期的には変化しないと判断し，横田基地の所在に伴う負担を受け入れるかわりに，基地の存在によって市の財政基盤強化を図ったのであった。

石川常太郎市長の後継として1980年より1988年まで在任した田村匡雄市長の横田基地に対する姿勢は，前市長のそれと変わらなかった。しかし，1988年より2000年までの石川彌八郎市長の下で，横田基地に対する福生市の姿勢は大きく変化した。就任当初，石川彌八郎市長は「国際化」という言葉を多用し，「福生は外国人の多いまちであり，基地もあるので，外国文化の入り口のまちとしての福生というイメージの定着も図れるのでは」と述べ，横田基地を利用した「ユニークなまち」づくりを提唱した (1988年度)[28]。この時期は，基地前商店街の再活性化の最中であった。

しかし，1990年代に入り，いわゆる冷戦が崩壊すると，市長は，「直ちに基地を撤去せよというものではないが，基地の将来について，超長期的には考慮の余地があるのではないか」(1991年度) と述べ[29]，福生市の横田基地に対する姿勢に変化が見られた。しかし，冷戦終結後も，湾岸戦争の勃発など，国際情勢は直ちには安定せず，上記の基地に対する強い姿勢は弱まった (1992〜1995年度)[30]。

しかし，1996年に，市長は，「これまで，基地撤去の見込みがないため，

基地が存在する以上は見返りとして公共施設の整備などを図るべく，防衛補助の獲得と拡充を図ってきたが，（略）防衛補助からの脱皮をいつの時点かには考えていく必要があるのではないか」（1996 年度）と述べた[31]。この演説と関連してか，1996 年頃を境に，市長が「国際化」について言及することも少なくなった。

　こうして，1996 年以降，福生市長の横田基地に対する姿勢は再び厳しいものとなった。その要因を考察すると，まず，1995 年に福祉センター，武蔵野台図書館・児童館，福生地域体育館の建設が完了したことにより，福生市の公共施設整備が完了し，福生市の財政収入を国による防衛補助に依存する必要性が小さくなったことが挙げられる。

　次に，西多摩地域における福生市の位置づけに関する市長の認識が挙げられる。前述のように，1980 年代における小売業販売額の推移は，西多摩地域において福生市のそれのみが横ばいであった。市長はこのことを認識しており，それゆえ，「福生市は西多摩の玄関と言われたまちから，その地位が揺らいでいると感じられる」（1989 年度）という危機感を抱いていた[32]。

　さらに，東京都の長期計画における福生市の位置づけに対する市長の認識が挙げられる。1986 年の第 2 次東京都長期計画において，立川市と青梅市は「多摩の"心"」[33]と位置づけられた。また，同計画には，多摩都市モノレール延伸構想や秋留台地域開発などが盛り込まれているが，福生市はこれらの構想から外れており，市長はこのような状況に対する危機感も抱いていた（1990・1997 年度）[34]。

　以上の認識から，1997 年に市長は，基地が「仮に返還されれば，騒音被害から解放され，基地部分を迂回することなく主要街道へのアクセスが可能となり，都市基盤の整備も図られ，まちの活性化に大きな効果が期待できるのでは」（1997 年度）と，基地返還とその後の構想に関してさらに踏み込んだ発言を行った[35]。さらに，西多摩地域の「玄関口の復活」（1990 年度）を図りたい市長は[36]，市の財政収入を防衛補助への依存から脱却させるかわりに，財政基盤強化策としての行政改革・民間活力導入・近隣市町との合併に言及し始めた（1996・1997 年度）[37]。こうした一連の発言は，「自立する都市づくり」（1998 年度）への足がかりを意識したものであった[38]。以上のよ

うに，福生市政は，都市化・国際情勢・東京都の地域政策など，福生市を取り巻くさまざまな状況に応じて，横田基地との関係を変化させながら展開してきたのである．

(2) 福生市の政治的保守性

　こうした市長の方針を支えていたのが，福生市の政治的保守性であった．1990年代までの福生町・福生市の歴代首長は，いずれもいわゆる「土地の人」であり，地元商業と関わりの深い人物が多く，かつ保守系無所属であった．彼らは首長選挙において，圧倒的な得票率で当選してきた（表3–4）．

　また，福生町・市議会においても，保守系無所属の議員数が圧倒的に多かった．1967年の町議会議員選挙では，定数24のうち，保守系無所属議員数が23を占めるほどであり，この後の選挙でも，市長与党の優位性は変わらなかった[39]．1970年代まで，保守系無所属の議員には，中位段丘面における商店主が多く，彼らの多くは，前述の福生市の「黄金時代」（東京都商工指導所1962：195）の恩恵を受けたと考えられる．また，革新系議員数が極端に少なく，1970年代のいわゆる革新ブームと全く無縁であったのは，前述のように，福生市において工業の集積がみられなかったことも理由の一つと考えられる．

　福生市議会において，横田基地に関する一般質問は，野党議員による，基地返還や基地対策課の設置を求めるものや，いわゆる基地公害に関するものが多い．これに対し，与党議員による一般質問は，基地の存在は国の防衛政策上やむを得ないとした上で，福生市が防衛上の負担を担っていることを，国や東京都にアピールし，防衛補助の増額を求めよという内容のものが多くを占めている（表3–5）．ただし，「（同市で毎年行われる：引用者注）七夕まつりは，多くの基地関係者も見物しているのだから，七夕まつりの花火の経費を防衛補助の対象と認めさせるべきだ」（公明党議員，1984年第3回定例会），「福生駅西口の商店街と市民会館に，防衛補助で，平時は駐車場，有事は核シェルターとなるものを作れ」（保守系無所属議員，1984年第3回定例会）など，公共施設と防衛補助とを強引に結びつける要求も多く，市議会与党には，防衛補助へのかなりの依存傾向が見られる．

表 3-5　1970・1980 年代の福生市議会定例会における横田基地関連一般質問

年	共	革無	社	民	公	保無
1970	●●				○●	○●●
1971	◎		○			○○○○●
1972	●●					○○
1973	●				○	◎
1974	●●					
1975	●●		●		○	◎
1976	●●		○			○○○
1977						●
1978	○○○					
1979	●	●○				◎
1980	●●	●●●			○	○○
1981	●●	●●●				○●○●
1982	●●●	●●	○			●●○
1983	●●●●	●●●				○
1984	●●●●●	●●●			●○	○○○●
1985	●●●●	●●●			○	
1986	●●●	●●●		●	○○●	●○
1987	●●●◎	●●●●	●●●		◎○	○○○○●
1988	●●●●	●●●●	●●●		○☆	☆○
1989	●●●●●	●●●●	●●		☆○	○○○○●

●：基地返還・軍事訓練・軍用機騒音　　○：防衛補助の増額
◎：旧「赤線」・ハウス・基地前商店街　　☆：軍民共用化・基地を利用した国際化
政党の略称は表 3-4 に同じ。民：民社党
『福生市議会会議録』により作成。

　このように，一般質問の内容は，与党と野党とで明確に区分できる。しかし，福生市議会では与党議員数が圧倒的であることから，野党議員の質問は議会全体に波及しなかった。このため，福生市議会において，横田基地の存在の是非に関する議論は，限定的にしか行われなかったといい得る。

　最後に，こうした政治に対する福生市民の意識について検討したい。福生市は，1982 年以降 3 年ごとの市政世論調査[40] において，横田基地の存在の是非を問うている。この設問に対し，基地が「あって当然である」・「あってもやむを得ない」という回答の合計の比率は，71％から 80％の間と高い。その反面，市行政に「特に力を入れてほしい施策」という設問において，「騒音などの公害対策」を回答した人の割合は，27％から 39％の間であり，常に 1 位か 2 位の大きさである。

また，1988年以降の調査では，「福生市らしい魅力を感じるもの」を選択式で問うているが，「横田基地」を回答した割合は，25％から54％の間であった。また，1991年以降の調査では，選択肢に「基地前商店街」が加わり，これは16％から28％の間であった。これらの選択肢を選ぶ割合は，男女ともに，若年層ほど高くなっている。
　こうした防衛補助による都市基盤整備を中心とした福生市の政治と，メディアが横田基地と福生市とを新たな形で結びつけたことにより，多くの福生市民は，横田基地の存在を容認しており，この傾向は今後も続くであろうと考えられる。

8. まとめ──横田基地をめぐる「場所の政治」

　本章は，在日米軍横田基地の所在する東京都福生市と横田基地との関係がどのように形成されたのか，すなわち，福生市の「場所の政治」を地誌学的に明らかにすることを目的とした。ここまで，福生市における横田基地をめぐる政治・経済・文化的過程について述べてきたが，最後に，こうした過程を，横田基地の存在という構造的制約という観点から考察することにより，横田基地をめぐる「場所の政治」を示し，まとめとしたい。
　1950年代の歓楽街における売春問題に際し，米軍は，オフ・リミッツを発令し，地元商業に打撃を与えることにより，ローカルな政治的・経済的主体と地元メディアとが一体となって売春婦の管理を行うよう仕向けた。こうした「赤線」における「管理売春」の完成により，「娯楽地域と一般住宅商業地域との区別」[41]が行われた。これは，基地内に収容しきれない米軍人が基地外に居住できるよう，「街娼の町，福生よりアメリカ人家族の住む街への転換」[42]を図るためでもあった。こうした区別に成功するや，米軍は，福生町にハウスの建設を要請し，その結果，歓楽街・ハウス地区・基地前商店街という独特な特徴の見られる場所と，横田基地にまつわる地域経済が形成された。すなわち，福生市では，米軍とローカルな政治的・経済的主体との相互依存により，都市構造が規定されたのである。
　米軍人の訪れる場所は，歓楽街や基地前商店街に限られ，また，ハウス地

区も，上位段丘面という「丘の上」にあり，行政機能の立地する「丘の下」から離れた場所であった。つまり，福生市では，都市化が進むまで，特定の場所を除き，米軍関係者と住民との接触は少なかったといい得る。こうした都市構造は，福生市において横田基地をめぐる大規模な社会運動が起こらなかった要因の一つと考えられる。

　一方で，ハウス地区の存在は，福生市における工業の集積の可能性を狭め，商業の比重を大きくした。これにより，福生市の商業は，変動相場制移行やプラザ合意といった，グローバルな経済的変動の影響を強く受けることとなった。とくに，変動相場制移行に伴う基地前商店街の衰退と，市議会議員・東京都商工指導所といった政治的主体による「丘の上」の蔑視は，横田基地と福生市との経済的な結びつきを弱めた。

　しかし，基地前商店街の衰退は，結果的に，1960年代の歓楽街を知る人物による同商店街の再活性化へとつながった。変動相場制移行以前，横田基地や米軍人の存在は，直接的な経済効果をもたらすものであったが，この人物は，基地を政治・経済からいったん切り離し，「雰囲気」や「イメージ」として利用した。そして，この人物とメディアが，過去の福生市の表象を持ち出しながら，基地と同市とを新たな形で結びつけた。こうした再活性化の過程は，ローカルな経済的主体が，メディアを活用しながら，グローバルな経済的変動に対応したものととらえることができる。

　また，1970年代に，横田基地と福生市との経済的な結びつきが弱まった一方で，福生市政と基地との結びつきは，逆に強まった。都市化に伴う公共施設整備と財政基盤の強化という課題を抱えていた福生市は，米軍のグローバルな戦略を受け入れるかわりに，基地の所在に伴う負担を国にアピールし，補償を要求した。そして，福生市政は，米軍の地政学的戦略というグローバルな過程や，都市化の進展・東京都の地域政策といったリージョナルな過程の下で，防衛補助による都市基盤整備を中心としたローカルな政治を展開した。福生市の都市基盤が充実したことと，横田基地や基地前商店街が多くのメディアに取り上げられたことは，福生市民の多くが横田基地の存在を容認している理由であると考えられる。

　以上のように，横田基地の存在は，福生市をはじめとするさまざまなス

ケールの政治・経済・文化的過程が交錯する中で展開されてきた「場所の政治」によっても維持されてきたのである。

---

1 1955年の国勢調査による人口は，昭島市38,519，福生町19,096であった。また，福生市内に居住する米軍人数と，1960年代までの横田基地内の人口は，資料が存在せず不明である。
2 1952年6月15日付『福生新聞』による。『福生新聞』（福生新聞社発行）のオーナーや購読者数などは，資料がなく不明であるが，その記事は，福生市史編さん委員会（1993，1994）にも引用されている。また，紙面における各年の年始挨拶と暑中見舞いの広告には，福生町内の企業がことごとく名を連ねており，福生新聞社が地元経済と強いかかわりを持っていたことが推察できる。
3 1952年10月15日付『福生新聞』による。
4 1952年6月15日付『福生新聞』による。なお，資料に差別用語が見られるが，そのまま引用する。
5 ただし，福生町・市における町丁は，上位段丘面から中位段丘面にまたがっているため，上位段丘面のみの人口・戸数などを抽出することは不可能である。
6 1968年の工業統計における製造品出荷額は，青梅市323.5億円，昭島市544.5億円，羽村町244.8億円，福生町48.1億円であった。また，2000年のそれは，青梅市7807.8億円，昭島市2970.6億円，羽村市4495.3億円，福生市341億円である。
7 1960年の国勢調査における第3次産業人口比率は，青梅市40.7%，昭島市56.2%，福生町66.1%であった。
8 図3-3の1970年から1975年にかけて，軍人軍属の家族の人口が増加しているのは，施設の再編に伴い，基地内に高層住宅が建設されたためである。また，1986年から1987年にかけて，基地内人口が増加しているのは，フィリピンの在比米軍クラーク基地の閉鎖に伴う移駐による。
9 本章で引用した荒居（2002）は，歓楽街・ハウス・基地前商店街・横田基地などについて詳述したルポルタージュである。わたしは，上記の場所を観察することや，聞取り調査により，同書の内容を可能な限り確認した。
10 現在もハウスに住む基地前商店街のアジア雑貨店主も，「30年前ごろは両隣が白人・黒人の住宅で，彼らと楽しく近所付き合いをしていた。昔は国境がなく感じられた」と当時を振り返っていた（2003年8月の聞取り調査による）。
11 『福生市議会会議録　1976年第3回定例会』による。
12 2003年6月の福生武蔵野商店街振興組合理事長への聞取り調査による。
13 荒居（2002：112-113）および，基地前商店街のアジア雑貨店主への聞取り調査による。
14 基地前商店街のアジア雑貨店主への聞取り調査による。店主によれば，物件の大家が，「物件を借りてくれるのなら賃料はいくらでもいい」と言うほどの状況であったという。

15 この企業は，現在の際（きわ）コーポレーション株式会社（1990年設立）である。同社の社長が「仲間とセカンド・ビジネスのような形で」（SSC・フリックスタジオ2001：284）この衣料店を出店したと語っていることからも，当時の物件の賃料が安かったことがうかがえる。
16 福生武蔵野商店街振興組合理事長への聞取り調査による。
17 基地前商店街のアジア雑貨店主への聞取り調査による。2004年2月現在，基地前商店街における際コーポレーションの店舗は計16店を数え，これらの店舗はいずれも特徴的な外観をなしている。また，聞取り調査によれば，こうした同社の出店戦略は，基地前商店街の商店主におおむね評価されていた。
18 週末の基地前商店街における3地点で，300票を面接式により行ったもの。
19 この設問は複数回答可であり，回答数は186である。
20 福生武蔵野商店街振興組合理事長への聞取り調査による。理事長によれば，基地前商店街に，いわゆる「土地の人」である商店主は存在しない。
21 1956年8月5日付『福生新聞』による。
22 福生市議会では，「防衛補助」という言葉がよく使われているため，以下，国による横田基地関連の補助金を「防衛補助」と呼ぶ。
23 市町村は，財政における実質収支が赤字となった場合，「地方財政再建促進特別措置法」（以下，地財法）を準用し，財政再建を図ることができる。一般に，同法を準用した地方自治体は財政再建団体と呼ばれる。財政再建団体は，総務省の指導の下で財政再建計画を策定するかわりに，国からさまざまな財政措置を受けることができる。
24 1968年6月15日付『広報ふっさ』による。
25 1967年10月21日および1968年6月15日付『広報ふっさ』による。
26 1975年4月15日付『広報ふっさ』による。
27 1970年7月30日付『議会報ふっさ』による。
28 『福生市議会会議録　1988年第1回定例会』による。市長の施政方針演説は，必ず各年の第1回定例会に行われるため，以下の注では西暦のみを示す。
29 『福生市議会会議録　1991年』による。
30 『福生市議会会議録　1992年』，『1993年』，『1994年』，『1995年』による。
31 『福生市議会会議録　1996年』による。
32 『福生市議会会議録　1989年』による。
33 業務核都市に次ぐ機能を有する都市を表す。
34 『福生市議会会議録　1990年』，『1997年』による。
35 『福生市議会会議録　1997年』による。
36 『福生市議会会議録　1990年』による。
37 『福生市議会会議録　1996年』，『1997年』による。
38 『福生市議会会議録　1998年』による。
39 さらに，東京都議会議員選挙では，1973年以降，1981年と1985年を除き，福生市出身の自民党議員が当選を続けている。1989年・1993年・1997年・2001年の東京都議会議員選挙西多摩選挙区において，自民党当選者の得票率は，それぞれ26.6％・35.1％・32.7％・27.5％であったのに対し，福生市における同得票率は，45.4％・

52.4%・53.8%・52.4%と極めて高かった。
40 　20歳以上の個人1,000人を層化二段無作為抽出法（100地点）で抽出し，調査員による個別面接を行ったもの。回収率は，77.6%から85.9%の間である（1982，1985，1988，1992，1994，1997，2000年版『福生市市政世論調査報告書』）。
41 　1952年10月15日付『福生新聞』による。
42 　1952年10月15日付『福生新聞』による。

第 4 章

騒音と補助金
―― 郊外の「基地公害」をめぐる政治

1. 郊外の在日米軍基地所在地域を対象とする意義

　前章は，横田基地をめぐる問題について福生市を中心に論じたため，昭島市や瑞穂町でとくに深刻な軍用機騒音公害について論じることはできなかった。横田基地の存在に伴う負の影響の全体を論じるには，こうした問題に触れなければならない。

　沖縄県をはじめとした「基地公害」はなぜ解消されないのであろうか。一つには，基地公害をめぐる協議のあり方が考えられる。基地公害や基地の移転・機能拡充などの事項について日米両政府が協議する場として，日米合同委員会が設けられている。しかし，これまでの日米合同委員会において，日本政府は日米安全保障条約やいわゆる日米地位協定の大幅な見直しを主張したことはない。また，日本政府は，「思いやり予算」[1]の存在に見られるように，日米安全保障条約締結以降，一貫して在日米軍の軍事的影響力の維持・強化に努めてきた。

　日米合同委員会において，実際に基地公害を被る都道府県や市町村が協議に加わる権限はない。つまり，地方自治体が，被害の実態を直接米国政府に訴える公式の手段は存在しない。こうした現状を打破するため，とくに軍用機の騒音公害を被っている地方自治体の住民は，裁判を通して，日本政府が米国政府に軍用機の一定時間飛行差し止めを求めるよう訴えている。近年では，米国政府を被告として認定することを求める，「対米訴訟」も行われて

表4-1 横田基地所在自治体の人口と基地面積

自治体名	行政面積 (km²)	基地所在面積 (km²)	基地の割合 (%)	基地全体に対する 各自治体の割合 (%)	人口 (2000年 国勢調査)
福生市	10.2	3.32	32.4	46.5	61,427
瑞穂町	16.8	2.10	12.5	29.4	32,892
武蔵村山市	15.4	0.99	6.4	13.9	66,052
羽村市	9.9	0.42	4.2	5.8	56,013
立川市	24.4	0.29	1.2	4.1	164,709
昭島市	17.3	0.02	0.1	0.3	106,532
計	94.0	7.14	7.6	100	487,625

福生市企画財政部秘書広報課（2006）により作成。

いるが，現在のところこうした主張は退けられている。

しかし，たとえ日米両政府と地方自治体が協議の場に一堂に会したとしても，それぞれの地方自治体の基地公害に対する認識が異なれば，こうした問題の抜本的解消にはつながりにくい。これまで沖縄県では，米軍基地所在自治体で，財政に占める基地関連補助金や日本政府による公共事業費が大きいことにより，保守系政党が支持される傾向が強く，このことが全県的な米軍基地反対運動を分断してきた（山﨑 2005b）。

沖縄県の基地公害の深刻さは，沖縄県の米軍基地を本州に移設すべきであるとする論調を一部に生み出している。しかし，首都圏郊外の基地公害の実態も深刻であり，基地公害の解消は，沖縄県にとどまらない困難な問題であることを示したい。

そこで，第4章は，米軍基地所在自治体それぞれの具体的な政治的対応の違いが，基地公害の解消を阻む要因の一つとなっていることを裏づけるために，東京都の在日米軍横田基地を取り巻く地域を対象とし，それぞれの自治体における軍用機騒音問題の実態と，それへの各自治体による政治的対応の違いを検討し，差異の要因を明らかにする（表4-1）。

このために，まず議会史などを用いて，各自治体の基地公害をめぐる政治的対応とその差異を記述する。このとき，議会における一般質問ではなく，軍用機騒音に対する請願や決議の採択に着目する。そして，東京都による軍

用機騒音測定結果と，各自治体に交付される横田基地関連補助金について検討し，各自治体の政治的対応の差異の要因を明らかにする。

2. 軍用機騒音問題の発生

(1) 横田基地所在自治体の政治的対応――昭島市

1950年の朝鮮戦争勃発以降，横田基地の滑走路が延長されたことにより，基地所在地域では軍用機騒音問題が顕在化した。昭島市議会史編さん委員会（1986）によれば，横田基地の南端から1kmも離れていない昭島市立拝島第二小学校では，1955年6月9日午前8時から午後4時45分の間に，120ホン以上の軍用機騒音9回，80ホン以上132回を含む，計182回の軍用機騒音を記録し，このうち173回がジェット機によるものであった。この測定を受けて，昭島市議会は1957年に拝島二小の教室に防音装置を施工するための特別会計を設けることを可決し，これ以降，1961年度までに市内6校の小・中学校で防音工事が行われた。

また，拝島二小の学区域である，昭島市堀向(ほりむこう)地区[2]では，横田基地からの重油漏れに伴う井戸水汚染が発生したため，昭島市議会は1957年に，堀向地区の一部に簡易水道を敷設することを可決した。堀向地区は，1941年に建設された昭和飛行機工業株式会社東京製作所の従業員住宅と，1948年に建設された都営住宅を中心とした地区であった。堀向地区のみの人口統計が存在しないため，元住民の記録（澤1979）によれば，1949年に従業員住宅と都営住宅を合わせて約650戸の住宅が存在した。

横田基地の滑走路は1960年に，現在の長さである3,350mまで延長され，大型ジェット機や戦闘機の頻繁な離着陸が可能な，全国有数の在日米軍基地となった。このため，同年に埼玉県入間市のジョンソン基地の滑走路施設返還に伴い，横田基地に爆撃機と迎撃戦闘機が移された。

堀向地区の自治会は1960年に，「米軍横田基地による堀向地区の騒音防止についての請願」を，全住民1,236人の署名とともに昭島市議会に提出した。請願提出者は，横田基地の拡張と同基地への軍用機移駐に反対し，軍用機エンジンの試運転・調整作業である，「エンジンテスト」の実施場所の移

動と，学校と住宅の防音工事実施を求め，さらに，これらが実現困難な場合，堀向地区の全住民が他の地区に移転するための補償を要求した。

この請願提出を受けて，昭島市議会に，「横田基地騒音対策特別委員会」が設けられた。委員は，横田基地司令官・調達庁（のちの防衛施設庁）・地元選出の国会議員との面会や，国会への請願提出を行ったり，さらに，昭島市立拝島中学校・拝島二小の校長と両校のPTA会長とともに，ケネディ米国大統領あての書簡を送ったりした。また，1961年に昭島市・福生町・砂川町（現，立川市）・瑞穂町・村山町（現，武蔵村山市）の議会議長により構成される，「基地騒音対策連絡協議会」が設けられた。

1963年末に全国紙で，福岡県福岡市の板付基地から，横田基地にF105D戦闘爆撃機が移されることが伝えられると，昭島市議会は，「F105D移駐阻止特別委員会」を設置し，「F105D戦闘爆撃機の板付基地より横田基地への移駐反対に関する決議」を採択した。市長と市議会議員は，防衛庁長官への面会や，首相，衆・参議院議長，東京都議会，都知事，米国大統領に決議文や要望書を送付し，また，東京都多摩地域の各自治体議会にF105D機移駐反対決議を行うよう要望した。

これを受けて，1963年末の都議会は，「F105D配備不安排除に関する意見書」を可決した。また，1964年1月末までに，昭島市議会を含む多摩地域の18議会が，F105D機移駐反対決議を行った。昭島市は1964年2月に，この問題についての「市民報告集会」を開催し，町ぐるみの移駐反対運動を展開したものの，7月にF105D機の移駐は完了した。

F105D機の移駐を受け，1964年の日米合同委員会は，「横田飛行場における航空機騒音の軽減措置」として，エンジンテストを平日の午後6時から翌朝午前7時までと，土・日曜日の終日にわたり行わないこと，および，横田基地に消音装置を設置し，これを用いてエンジンテストを行うことを合意した。

しかし，昭島市の測定によれば，1964年12月から1965年4月までの平日の規制時間内に，1日あたり平均1時間7分，土・日曜日の1日あたり平均2時間17分にわたり，エンジンテストが行われた。エンジンテストの騒音量は，85ホンないし110ホンに達し，消音装置設置後の1966年10月・

11月の測定でも，77ホンないし92ホンであった（横田基地公害訴訟弁護団1977）。

また，1965年2月の1日平均軍用機飛行回数は224回を数え，とくに，2月1日の総飛行回数は491回に上った。同月の午前7時から午後7時までの1時間あたり平均飛行回数は17回，午後7時から翌朝午前7時までのそれは2回であった。同月における最高騒音量は129ホンに達し，100ホン以上の音量を記録したのは1,707回に上った。このうち，午後7時から翌朝午前7時までに226回を数えた（横田基地公害訴訟弁護団1977）。

さらに，1960年代の横田基地周辺では，墜落や部品落下など12件の軍用機事故が発生し，このうち7件が，F105D機によるものであった（昭島市企画部企画課1975）。昭島市でF105D機移駐反対運動が展開されていた1964年4月，神奈川県の米海軍厚木基地のジェット戦闘機が，東京都町田市街に墜落し，4人の死者を出した。

これを受けて，昭島市議会は，「米軍航空機の墜落事故等危険防止に関する要望決議」を採択したものの，同年12月に，堀向地区の銭湯で，浴場のガラスがF105D機の飛行に伴う衝撃波で割れ，1人が大けがを負う事故が発生した。そこで，昭島市議会は，「横田基地周辺の騒音および危険排除に関する要求決議」と「米軍横田基地による堀向地区騒音対策に関する請願」を採択した。とくに後者の請願は，堀向地区の自治会がF105D機の移駐完了を受けて行った，「他の地区に移転できる補償を求める決議」にもとづくものであり，堀向地区の自治会は，同様の陳情を日本政府にも提出した。

しかし，1965年には5件の軍用機事故が発生した。1965年と1966年に，F105D機の部品が昭島市内に落下し，また，1965年には，F105D機が東京都青梅市内に墜落した。さらに，1967年には横田基地の重油が漏れ，堀向地区の井戸水が燃える事故が発生した。

その一方で，米軍は1965年に，いわゆるベトナム北爆を開始し，横田基地をベトナム戦争の最重要戦闘基地と位置づけた。昭島市議会は1967年に，F105D機の後継となる「F4ファントム機の横田基地配備反対に関する決議」を採択したが，同年に移駐は行われた。

さらに，1968年にF4ファントム機の部品が昭島市内に落下した事故と，

F4ファントム機が福岡市の九州大学に墜落した事故を受けて，昭島市議会は，「米空軍の横田基地より即時撤退を要求する決議」を採択した。また，昭島市議会は1969年に，「横田基地へのジェット空輸部隊配置反対に関する決議」を採択したものの，1970年にこの部隊に属するC5Aギャラクシー機が横田基地に飛来した。

　このように，昭島市議会は，軍用機がもたらす問題に対し，頻繁に政治的意思を表明した。ただし，当時の中村敬充昭島市長（1956年～1964年在任）は，横田基地について，「平和を望まない人は誰もいないが，基地がなければ平和になるかどうか疑問がある。国の防衛政策に並行して進む必要がある」[3] と認識していた。また，中村市長を継いで就任した新藤元義市長（1964年～1976年在任）も，「市長は安保を認めた上で，単に飛行規制とか学校の防音でカバーせざるを得ないという考え方なのか」という一般質問に対し，「日本の国土を防衛する立場から安保は認めざるを得ず，被害救済措置として民生安定法の制定実現に努力する」と答弁した[4]。

　昭島市議会は1962年に「基地周辺対策特別措置法制定要望の決議」を採択し，公共施設の防音工事と移転措置の実施，道路・下水道整備，テレビ受信障害の防止，農業から他産業への職業転換，住居移転を日本政府に求めた。また，市長が横田基地に対し現実的な認識を表明する中で，1968年の昭島市議会基地対策特別委員会は，横田基地からの米軍の撤退を求めつつ，当面は，学校など防音施設の維持管理費全額国庫補助や，テレビ・電話料金の減額，庁舎・公民館などの防音工事補助対象化など，騒音に対する補償を求めていくとした[5]。

　さらに，1964年の「米軍横田基地による堀向地区騒音対策に関する請願」の採択に伴い，昭島市は堀向地区の住民を集団移転させる方針を示し，その結果，1967年に堀向地区の自治会・日本政府・昭島市・昭和飛行機工業が移転補償に関する協定に調印した。堀向地区の住民は，1966年度から1972年度にかけて，昭島市が造成した東ノ岡団地（昭島市宮沢町所在）などへ集団移住した。しかし，東ノ岡団地は，堀向地区より2km程度南に離れているものの，軍用機の飛行経路下に位置するため，ここでの騒音も小さくはなかった（写真4–1）。

写真4-1　堀向地区の集団移転にまつわる石碑

堀向地区の昭島市環境コミュニケーションセンターの前に立つ石碑には以下の言葉が記されている。
2016年5月3日著者撮影。

　　「堀向」といわれるこの地は，昭和10年代後半（1940年頃）における飛行機製造会社の社宅建設を契機に発展し，一帯は一大住宅街となり商店街もできました。しかし，米軍横田基地の航空機騒音のため，昭和40年（1965年）頃から「集団移転」等を余儀なくされ，570戸といわれる多くの住民がこの地を離れました。
　　それから40年以上の時を経た今，本施設（著者注：環境コミュニケーションセンター）開設にあたり，この地の歴史をここに刻みます。

　　　　　　　　　　平成23年（2011年）3月　昭島市

(2) 横田基地所在自治体の政治的対応——昭島市以外

　横田基地の滑走路北部延長線上に位置する瑞穂町でも，昭島市と同様に，軍用機騒音問題が深刻化した。瑞穂町立瑞穂中学校では，1954年1月20日から2月5日までの午前8時から午後5時までの間に，1日平均83回の離着陸があった（昭島市議会史編さん委員会1986）。しかし，瑞穂町議会はこの問題に対し，1963年の基地騒音対策委員会の設置と，同年の「F105D戦闘爆撃機の横田基地への移駐阻止に関する決議」，1970年の「基地対策に関する決議」を採択したにすぎなかった（瑞穂町企画課渉外係2004）。

　福生市・瑞穂町に次いで基地所在面積の大きい武蔵村山市では，軍用機騒

第4章　騒音と補助金　　117

音問題に対し，1968年に当時の村山町議会が，「B52爆撃機基地化に反対し，同機の即時撤去に関する決議」を，そして1970年に武蔵村山市議会が，「立川基地の飛行再開および横田基地のC5Aギャラクシー配備等反対に関する決議」を採択した。

一方で，村山町議会は1967年に，基地公害の補償を求めるため，軍用機の離着陸に伴う受信障害に対して，「NHK受信料減免を求める意見書」を，1968年に，「NHK受信料減免運動協力要請に関する請願」を，武蔵村山市議会は1973年に，「横田基地周辺の市道舗装に関する請願」を採択した。採択された請願の数は，瑞穂町と同様に多くなかった。

1964年のF105D機移駐問題に際し，横田基地所在自治体による基地騒音対策連絡協議会が対応を協議する中で，福生町は連携を拒否した。このため，基地騒音対策協議会は移駐反対表明と同時に，移駐を前提とした補償を求めることとした。福生町議会は1964年に，軍用機騒音問題に対し，「爆音防止に関する請願」を採択したが，F105D機の移駐とりやめを求める部分は削除された。この請願は，福生町議会が軍用機騒音公害に対して採択した唯一のものであった。

1955年7月17日付『週刊朝日』の記事は，瑞穂町のみが横田基地による公害を被っているのに対し，福生町のみが基地による利益を享受しているということや，「瑞穂町には，横文字の看板一枚見られない。ところが，一歩基地の表口にまわると，たちまち，アメリカ西部劇のセットさながらの町が出現する。これが福生町だ」と伝えている。

また，1964年3月22日付『朝日ジャーナル』の記事は，「"基地の町"といわれる福生町では，米人相手のバーやキャバレーの女給さんたちが『F105大歓迎』とばかり，ジョッキを高らかにあげて乾杯したという。『F105が来れば，アメリカさんもふえる』というウワサが，町に流れたからである」。また，「立場はちがうが，似たような反応を示したのは，横田基地に働く駐留軍労務者たち。『最新鋭のF105が移ってくれば，人手もいるだろうから，当分クビの方は安全』とホッと一息ついた，という一幕もあったという」と，福生町における軍用機移駐問題への反応の一端を伝えている。

一方，米国は1969年に，ベトナム戦争に伴う財政赤字の解消のため，在

日米軍を縮小する方針を示した。これに伴い，同年に東京都立川市・昭島市の立川基地の飛行活動が停止され，立川基地の空輸部隊が横田基地に移された。かわりに，1971年に，横田基地の戦闘機が沖縄や米本国の基地に移った。

また，1973年に，米軍の「関東空軍施設整理統合計画」（以下，関東計画）により，関東地方の米空軍基地が横田基地に集約され，第5空軍総司令部と在日米軍総司令部が横田基地に移された。第5空軍は，極東地域の米軍部隊・米軍基地に物資や兵員の輸送を行う組織であり，関東計画によって，横田基地は戦術基地から極東における空輸の中継基地へと変化した（福生市企画財政部秘書広報課2006)[6]。

1972年の関東計画発表直後，瑞穂町議会は，「関東地方の米空軍施設横田基地に統合反対決議」を採択した。また，瑞穂町は関東計画についての住民アンケート4,785票を各世帯に配布し，関東計画に反対する回答3,660票を得た。この数は，回答のあった4,150票の88.2%を占めた（瑞穂町史編さん委員会1974a）。そこで，瑞穂町議会は1973年に，「横田基地統合反対実行委員会」（以下，実行委員会）を組織した。実行委員会は，町議会議長を委員長，町内会・消防団・農協・商工会・交通安全対策協議会・婦人会を委員とし，日本政府などの関係機関に反対決議文を送付した。

ただし，当時の瑞穂町長は，1970年と1971年の町議会において，瑞穂町が横田基地による「日本一の被害を受けている」としながら，「基地は簡単に撤去されないと思うので，住民の迷惑はわかるが，補償を十分確保するような考え方で基地問題は処理していきたい」と考えていた（瑞穂町議会事務局1997）。このため，実行委員会結成の翌月に，日本政府より基地公害の補償を拡充する方針を伝えられると実行委員会は半年で解散し，関東計画反対運動は条件闘争に切り替わった（瑞穂町史編さん委員会1974a）。

実行委員会が行政主導で組織されたことや，瑞穂町議会では保守系議員が大多数を占めていたことから，こうした運動は，基地公害へのさらなる補償を要求するためのアピールという側面が強かった。瑞穂町史編さん委員会（1974b）は，「基地は容易になくならないであろう。基地があるがための利点がもしあるとしたら，それを最大限にいかすことを町民のひとりひとりが考えてゆきたい」としている。

一方，立川基地の所在する昭島市の市議会と，立川基地の滑走路北部延長線上に位置する武蔵村山市の市議会は，もっぱら立川基地に自衛隊が移ることへの対応に追われた。

(3) 横田基地公害訴訟

　米軍は1972年に，国有地である昭島市堀向地区の住宅跡地に，軍用機の誘導灯（ミドル・マーカー）を設置した（写真4-2）。堀向地区の集団移転対象外の住民や，移転しなかった住民は，ミドル・マーカーの設置と関東計画の発表から，軍用機騒音問題の悪化を案じた。そこで，彼らが中心となり，1972年に，「横田基地公害訴訟準備会」を結成した。この準備会は，「横田基地爆音をなくす会」へと発展し，これに福生市・羽村町・立川市・瑞穂町の住民が参加した。

　会の運動方針を議論する中で，拝島二小の一教諭は，軍用機の昼間飛行の差し止めを求めるべきであると主張した。しかし，これは事実上横田基地の返還を求めるということであり，それは過去の「安保闘争」でも達成できなかったという理由から，爆音をなくす会は，飛行機の夜間飛行のみの中止を求めることとした（横田基地公害訴訟団・横田基地公害訴訟弁護団1994）。

　この運動方針にもとづき，爆音をなくす会は，新聞の発行や関係省庁への陳情を行ったが，東京都が1972年に，横田基地内の都水道用地の返還を求め，「横田基地内都有地返還訴訟」[7]を提訴したことや，1975年の大阪空港公害訴訟控訴審判決で，「午後9時から翌朝午前7時までの飛行の公共性は小さい」とする判断が下されたことから，訴訟を起こすしかないという雰囲気が強まった（横田基地公害訴訟団・横田基地公害訴訟弁護団1994）。こうして，爆音をなくす会は1976年に，横田基地公害訴訟（第1次）を提訴し，日本政府に，「毎日午後9時より翌朝午前7時までの横田基地での飛行機の発着差し止め」を求めた。

　ただし，横田基地公害訴訟弁護団（1977）によれば，第1次訴訟の原告（41人）は，昭島市（26人）・福生市（12人）・立川市（3人）の住民にとどまった。原告の居住地は，軍用機の飛行経路に沿うように，横田基地の滑走路南部延長線上に分布していた。爆音をなくす会には，瑞穂町の住民も参

写真 4-2　横田基地滑走路南端の誘導灯

誘導灯のある場所は福生市，誘導灯の奥にあるフェンスより先は昭島市に属する。
2016 年 5 月 3 日著者撮影。

加していたが，原告には加わらなかった。また，1977 年提訴の第 2 次横田基地公害訴訟の原告（112 人）も，昭島市（66 人）・福生市（43 人）・立川市（2 人）・日野市（1 人[8]）の住民にとどまった。

　提訴前，第 1 次訴訟の原告団長は，横田基地所在自治体が提訴するのが一番良いと考え，各首長と面会した。全ての首長は騒音問題に理解を示したものの，被害を受けているのは自治体の一部の住民であるという理由から，自治体が提訴を検討することはなかった[9]。

3. 軍用機騒音の実態と補償

（1）軍用機騒音の実態

　ここまでの検討で，昭島市の市議会・住民による軍用機騒音問題への政治的対応が目立つ一方，福生市・武蔵村山市・瑞穂町の議会が，この問題に対し政治的意思を表明することは少なかった。そこで，以下では軍用機騒音の実態とそれへの補償に着目し，自治体による政治的対応の違いの要因を考察

したい。

横田基地所在自治体による軍用機騒音問題への対応の一つに個別の騒音測定がある。昭島市は1963年，福生市は1970年に市内各所で公式に測定を開始した。ただし，測定開始当初，昭島市の測定は自動記録や夜間測定が不可能なポータブル測定器で行われ，また，福生市の測定も不定期であった。このため，東京都が1973年に，WECPNL[10]という指標による測定を開始した。測定開始当初，昭島市と瑞穂町に固定測定地点が決められ（図4-1），そこでの測定結果によれば，2か所の固定測定地点では，WECPNL年間平均値が環境基準適合値の70WECPNLを下回ったことがない[11]。

東京都は，1983年度以降，固定測定地点に加え，分布測定地点を決め，そこでの測定を開始した（図4-1参照）。測定結果によると（図4-2），滑走路に平行して位置する福生市・羽村市・武蔵村山市の分布測定地点では，一部の年度のみ環境基準適合値を上回っているにすぎない[12]。したがって，一口に横田基地所在地域といっても，騒音の実態は，被害の深刻な昭島市・瑞穂町と，深刻でない福生市・武蔵村山市とに二極化している。

(2) 横田基地関連補助金

こうした基地公害に対し，日本政府は補償について定めた法律を制定してきた。政府は1953年に，「日本国に駐留するアメリカ合衆国軍隊等の行為による損失補償に関する法律」を制定し，米軍の大型車両通行に伴う道路補修，学校防音工事，住宅移転に対する補償について定めた。また，政府は1966年に，「防衛施設周辺の整備等に関する法律」を制定し，民生安定施設[13]整備に対する助成について定めた。ただし，1957年度から1974年度までに昭島市で行われた公共施設防音工事に対し，1953年の法律に基づく補助は総事業費の87％にとどまった（昭島市企画部企画課1975）。

こうした基地公害への補償に加え，日本政府は1957年に制定した「国有提供施設等所在市町村助成交付金（以下，助成交付金）に関する法律」に基づき，米軍基地内の国有資産に対する固定資産税課税額に見合う交付金を，さらに1970年に制定した「施設等所在市町村調整交付金（以下，調整交付金）要綱」に基づき，基地内の米軍資産と住民への固定資産税・住民税課税

図 4-1 研究対象地域

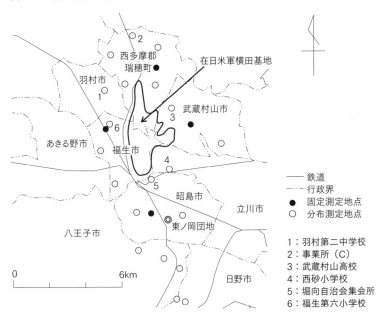

図 4-2 WECPNL 年間平均値の推移

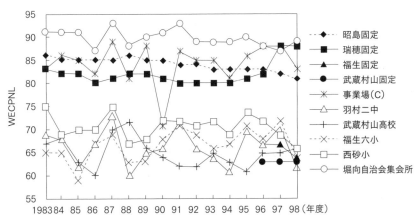

東京都環境保全局大気保全部騒音振動課『航空機騒音調査結果報告書』各年度版による。

第 4 章 騒音と補助金

額に見合う交付金を基地所在自治体に交付している。助成交付金と調整交付金の使途は自由である。つまり，横田基地所在面積の大きい福生市と瑞穂町に多額の助成・調整交付金が交付されるのに対し，基地所在面積のきわめて小さい昭島市に，これらの交付金はほとんど交付されない。

　1973年の関東計画の際に，福生市などの自治体が，基地公害への補償拡充を求めた結果，日本政府は1974年に，「防衛施設周辺の生活環境の整備等に関する法律」（以下，生活環境整備法）を制定し，それまでの法律での補償内容を大幅に拡充した。生活環境整備法の3条は，1953年の法律と同様，基地車両の通過による道路損傷，学校・保育園の防音，基地の雨水処理，テレビ受信障害の工事に対する補助について，また，生活環境整備法の8条は，民生安定施設整備に対する助成と，NHKテレビ視聴料の半額免除を定めている。

　さらに，生活環境整備法は新たに，「米軍基地などの特定防衛施設が，施設所在市町村のまちづくりを阻害することに対する補償」（福生市企画財政部秘書広報課2006）として，9条で，「特定防衛施設周辺整備調整交付金」（以下，9条交付金）について定めた。9条交付金は，特定防衛施設が市町村に占める面積の割合や，市町村の人口などを基礎に，政府と市町村との折衝によって，その額が決まり，国庫補助金として交付される。市町村は，9条交付金を用いて整備する公共施設や，補助の割合を任意に決めることができる。

　生活環境整備法制定後，福生市に対する補償額は，劇的に増加した（図4-3）。これは，1977年に完成した市民会館の新築・防音工事や下水道整備に対し，多額の助成が認められたためである。瑞穂町に対する補償額は福生市に比べて小さいものの，瑞穂町の財政規模は福生市より小さいため，補償額が瑞穂町の歳入全体に占める割合は福生市の水準に近い。このように，生活環境整備法制定後，福生市と瑞穂町に対し，非常に多額の補償が行われていることがわかる。

(3) 昭島市政と横田基地関連補助金

　生活環境整備法制定以後，騒音公害の実態が大きく変化していないにもか

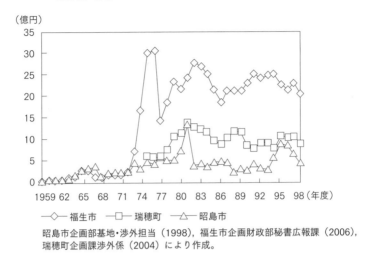

図4-3 横田基地に関連する国庫補助金と助成交付金・調整交付金の合計額の推移

昭島市企画部基地・渉外担当（1998）、福生市企画財政部秘書広報課（2006）、瑞穂町企画課渉外係（2004）により作成。

かわらず，1976年から1984年までに昭島市議会が採択した基地公害に対する決議は2件にとどまった。

　昭島市では1970年代前半に，体育館・図書館・ごみ処理施設などの公共施設整備やオイル・ショック後の不況に伴い，財政状況が悪化し，1975年度に，財政状況の目安の一つである経常収支比率が100％を超えた。社会党と共産党の支持を受け，1976年に就任した皿島　忍市長（1976年～1984年在任）は，財政状況の改善を大きな課題とした。このため，皿島市長の施政方針演説には，「受益者負担の方向性を追求」（1978年度），「公共刊行物に広告の掲載など，なりふり構わぬ自主財源確保」（1979年度）のように，「革新市政」の政策目標と対照的な言葉が散見された[14]。

　一方，昭島市では1978年に，東京都住宅供給公社の田中町住宅（895戸），1979年から1982年に住宅・都市整備公団のつつじが丘ハイツ（2,673戸），1980年に西武不動産販売の西武拝島ハイツ（573戸）といった大規模団地が相次いで建設された。これに伴い，昭島市は，1978年から1982年に5校の学校を建設し，このうち1981年に2校を建設した。また，団地内の公園

を 1979 年から 1981 年にかけて集中的に整備し，1982 年には市民会館を完成させた。

ここで，生活環境整備法にもとづく補償について再度検討すると，1981年度に昭島市に対し，多額の国庫補助金が交付されたことがわかる（図 4-3）。このうちの 39％が 3 条にもとづく学校防音・冷暖房設備工事[15]に，49％が 8 条にもとづく市民会館建設に対する補助であった。ただし，総事業費に占める補助金の割合は，3 条相当分が 82％，8 条相当分が 28％にとどまり，前者では市が 1 億円以上を負担しなければならなかった。つまり，昭島市は悪化した財政状況の下で，その額は小さいながらも，生活環境整備法にもとづく補償を受けながら公共施設整備を進めることができた一方で，軍用機騒音軽減に対する負担も求められた。

皿島市長は，1976 年の市長選挙において，横田基地の撤去を訴えていたが，市長就任後初めての市議会において，保守系議員の「国の防衛政策と，皿島市長の横田基地撤去の方針との整合性は」という一般質問に対し，「基地撤去は私の信念だが，地方自治体の長としては，態度を明確にできない」と答弁した[16]。

昭島市議会では，1970 年代前半まで，保守系議員数が常に定数の過半数以上を占めており，皿島市政発足時も，保守系（野党）議員数が定数の半数（13 人）に達していた。1979 年の市議会議員選挙で，保守系はこれを下回った（12 人）ものの，この選挙以降，中道系（公明党・民社党）議員が，市議会のキャスティングボードを握るようになった。

こうした政治基盤の弱さにより，皿島市政は財政問題に加え，基地問題でも，革新市政の特色を出せず，苦しい市政運営を迫られた。昭島市は，横田基地公害訴訟原告団が東京高等裁判所に通うためのバスを提供するという形で，訴訟を支援したにもかかわらず，1982 年に行政改革の一環として基地対策課を廃止した。

また，昭島市議会における横田基地関連質問は少なく，そのうちの多くは共産党議員によるものであった。とくに，皿島市長の属する社会党の議員による基地関連質問は，皿島市政 8 年間でわずか 5 回のみであった。こうして，横田基地の軍用機騒音公害に対する異議申し立ては，生活環境整備法制定以

前と対照的に，もっぱら訴訟の原告のみが担うことになったといえるのである。

4. まとめ──非領域的な騒音に対する領域的な補償

　横田基地は，1950年代以降，基地所在地域に深刻な軍用機騒音問題をもたらした。横田基地の滑走路南部延長線上に位置する昭島市の議会は，この問題の解消を求める決議を頻繁に採択したものの，その効果はなかった。一方，昭島市以外の横田基地所在自治体の議会が，騒音問題や軍用機の移駐に対する政治的意思を表明することは少なかった。

　このような政治的対応の違いの要因を説明するために，まず，軍用機騒音の測定結果を検討したところ，横田基地の滑走路に平行して位置する福生市と武蔵村山市では騒音が小さく，環境基準をある程度満たしていることがわかった。

　次に，日本政府による基地公害に対する補償について検討すると，助成・調整交付金制度により，福生市・武蔵村山市・瑞穂町のように，ある程度の大きさの行政区域を横田基地に提供している自治体は，毎年一定の財政収入を得てきたことがわかった。加えて，福生市では1960年代までに，米軍人の消費行動に伴う「基地経済」が成立しており，とくに当時の福生町議会は，こうした財政的・経済的観点から，昭島市議会が展開したF105D機移駐反対運動に対しても消極的姿勢を示した。

　さらに，1974年の生活環境整備法制定後，福生市への補償額は劇的に増加した。軍用機騒音問題は，生活環境整備法制定後も解消せず，昭島市では，住民によって横田基地公害訴訟が提訴された。その一方で，昭島市は，苦しい財政状況の下で相次いだ団地建設に伴い，基地公害に対する補償を利用しながら公共施設を建設しなければならなかった。このため，政治基盤の弱かった当時の皿島市長は，横田基地に対する姿勢を弱めたと考えられるのである。

　このように，一口に横田基地所在地域といっても，各自治体は騒音問題に対して連携できなかった。それは，自治体ごとに軍用機騒音の実態が異なる

ことと，非行政領域的な騒音に対し，自治体を単位とした領域性に基づく補償が行われ，基地公害への補償の大きさが異なるためである。言い換えれば，日本政府は，自治体を単位とした補償によって，各自治体の騒音問題をめぐる連携を分断しているともいえる。また，昭島市に対する1981年度の補償額が突出していたように，政府はこうした方法にもとづき，補償を巧妙に行っていることも示唆される。

　ところで，これまで検討したように，現行の基地公害に対する法律は，それへの補償や防音工事について規定するだけで，基地公害解消への抜本的な方策という観点が抜け落ちている。第1次・第2次横田基地公害訴訟の最高裁判決では，軍用機の夜間飛行差し止めは認められなかったものの，第3次訴訟では，1993年に東京高等裁判所より和解案が示された。この和解案は，「日本政府が，午後10時から翌朝7時までの飛行停止の実現に向けて，米国の理解を得るよう努力すること」に加え，「日本政府が，関係地方自治体および基地周辺住民の代表者との間で，騒音軽減の方策について協議する恒常的な場を設けること」[17]とした。

　このため，和解案提示後まもなく，日米合同委員会が開かれ，日米両政府は，午後10時から翌朝午前6時までの軍用機飛行制限について合意した。また，原告は和解案を即刻受け入れた。しかし，政府が和解案受け入れを拒否したため，第1次・第2次訴訟判決を踏襲した判決が示された。1993年の日米両政府の合意は遵守されておらず，横田基地の軍用機騒音問題は現在も解消されていない。

　日本政府に対する自治体の政治的意思表明は，決議の採択や陳情などに限られており，司法が政府と自治体との恒常的な協議の場の設置を勧告したことは，協議の場に米国政府が欠けている点で不十分ではあるが，画期的なことである。横田基地のみならず，日本全国の基地公害の解消の第一歩として，こうした勧告の実現が待たれることはいうまでもない。

1　「日米地位協定の実施に伴う特別協定」にもとづき，日本政府は，米軍基地滑走路工

事などの施設整備費，基地内住宅建設費の大部分と，基地内日本人労働者の賃金，基地内光熱水費全額を負担している。こうした過大な負担は，「思いやり予算」と呼ばれる（前田 2000）。
2 現在の昭島市美堀町1丁目の一部と，美堀町2丁目・3丁目を指し，かつては拝島町に属した。現在，堀向という地名は存在しない。以下，本節における昭島市の政治的対応に関する記述は，断りのないかぎり，昭島市議会史編さん委員会（1986）にもとづく。
3 1963年第1回定例会の一般質問に対する答弁。1963年4月27日付『あきしま市議会報』による。
4 1966年第2回定例会。1966年7月30日付『あきしま市議会報』による。
5 1968年10月31日付『あきしま市議会報』による。
6 ただし，現在，横田基地は訓練基地としても利用されており，1983年以降，米空母の艦載機による離着陸訓練が行われている。
7 1979年の鈴木俊一都知事就任と同時に提訴取り下げ。
8 1976年に福生市から転居。
9 2004年12月における元横田基地公害訴訟原告団長福本龍蔵氏への聞取り調査による。
10 WECPNL（Weighted Equivalent Continuous Perceived Noise Level 加重等価継続感覚騒音レベル）とは，航空機騒音を総合的に評価する国際的な単位であり，音響の強度・成分・頻度・発生時間帯・継続時間などの諸要素を加味し，デシベル値に夜間・深夜における重み付けをしたものである（福生市企画財政部秘書広報課 2006）。
11 目安として，65デシベル以上で就寝不可能，70デシベルでテレビ・ラジオの聴取が不可能となり，90デシベルで血圧の上昇や，気分がイライラするなどの症状を引き起こす。また，騒音測定では，「ホン」と「デシベル」の両方を使用していたが，現在では国際規格のデシベルに統一されている（福生市企画財政部秘書広報課 2006）。
12 東京都環境保全局大気保全部騒音振動課『航空機騒音調査報告書』各年度版による。東京都は，通年にわたる固定測定と，騒音の範囲を把握するための，年間15日間にわたる分布測定を行っている（福生市企画財政部秘書広報課 2006）。
13 福生市企画財政部秘書広報課（2006）は，その定義を，「民生安定の見地から障害の緩和に役立つ施設」とし，「市民会館，図書館，地域会館，健康センター，福祉センター，体育館，消防施設，市道，公園，緑地等々，ほとんどの施設」としている。
14 1978年4月15日および1979年4月14日付『あきしま市議会報』による。
15 窓を開けていると，防音効果が表れないため，防音設備と合わせて冷暖房設備工事も必要となる。
16 『昭島市議会会議録1976年第4回定例会』による。
17 1993年11月8日付『毎日新聞』夕刊による。

第**3**部

大都市圏郊外の政治・行政をめぐる新しい論点
―――環境・ジェンダー

［写真］白州町からみた南アルプス（第6章参照）

2016年5月1日著者撮影。

第5章

郊外の新ごみ処理場建設場所をめぐる「環境正義」
――東京都小金井市

1. 郊外の新ごみ処理場建設場所をめぐる問題を検討する意義

　1970年代初期の東京都では，激増する廃棄物の問題を美濃部都知事が「ごみ戦争」と呼んだことなどにより，ごみへの社会的関心が高まる中で，ごみ処理場を有する区が他区のごみの受け入れを拒否する問題などが起こった。このため，ごみの自区内処理が原則とされ，全国的にも少なからず影響を及ぼしてきた（寄本1990；栗島2004）。現在ではごみの広域処理が進められているものの，今後ごみ処理場の老朽化が進む中で，処理場の建替えとその場所をめぐる問題，すなわち処理場周辺地区の環境的不公正が継続するのか否かという問題が各地で起こることが想定される。
　実際に，東京都内の郊外都市である小金井市ではごみ処理場が老朽化により閉鎖されたことに伴い，行政と住民とが新ごみ処理場の建設場所について議論したものの，結局新処理場は，一度は旧処理場の跡地に建設されることが決まった（2010年）。しかし後述するように，この跡地には新ごみ処理場を建設するにあたり大きな問題点が存在した。
　そこで，第5章は小金井市における新ごみ処理場建設場所の決定過程について検討し，決定要因について考察したい。また，建設場所の決定過程をめぐる問題点を指摘することにより，今後，全国における処理場の建替えとその場所をめぐる問題を考える上での一助としたい。

2.「受益圏・受苦圏」研究を超えて

　日本において，いわゆる迷惑施設の立地問題は，主に社会学における「受益圏・受苦圏」概念とともに検討されてきた。船橋（1985）によれば，この概念は東海道新幹線の騒音や振動を問題視した公害訴訟や清掃工場建設問題などを事例として，被害者と加害者の関係性を圏域概念を取り入れて理解するためのものである。たとえば新幹線公害において，受益圏には新幹線利用者，当時の国鉄，建設・旅行業界，駅周辺地域の商工業界などが含まれる一方，受苦圏には新幹線建設に伴い家屋の立ち退きの対象となった人，開業後の公害を被った人などが含まれる，とする。

　中澤（2009）は，千葉県柏市における第2清掃工場建設問題について，それまで「受苦圏」を受け入れてきた市の北部住民が，市の南部における第2清掃工場建設反対運動を「地域エゴ」であると断じたことから，反対運動は「手続き的公正」を前面に押し出したものとなったと論じ，この事例を「受苦分担型」とした。ただし，中澤（2009）はこれまでの「受益圏・受苦圏」研究についても整理しているが，こうした研究では，さまざまな「型」の乱立が目立ち，事例をタイプ分けすることに終始している印象を受ける。

　一方，「受益圏・受苦圏」概念を支持する地理学者もいる。淺野（2009）は，舩橋（2001）が「受益圏や受苦圏の空間的形状や分布のしかたが，公共事業をめぐる公害問題の展開過程を大きく規定している」と述べていることから，これを「そのまま地理学の分析枠組みとして援用できる発想といえる」とする。たしかに，とくに受苦圏について，正確な空間的形状を地理情報システムなどで示すことは地理学に一日の長があり，地理学者が積極的に取り組むべきことであろう。

　しかし，たとえば前述の新幹線公害において，「新幹線利用者」，「国鉄」，「建設・旅行業界」などからなる受益圏の空間的形状を示すことは可能かつ重要なことなのであろうか。受益圏・受苦圏研究からは，各圏の「重なり」・「分離」・「広がり」を平面的に示すことに終始している印象を受ける。船橋（1985）は，新幹線公害において受苦圏に含まれる「沿線住民」と，

受益圏に含まれる「国鉄」・「新幹線利用者」との「分離」が，公害対策の進展しない大きな要因であるのに対し，ごみ処理施設の立地問題では，受益圏と受苦圏とが「重なる」ため，新幹線公害より問題解決の可能性が大きいとする。

しかし，これは「重なり」や「分離」というよりも，受益圏・受苦圏に含まれる各要素のスケールの違いという問題ではないであろうか。たとえば，「国鉄」は全国に路線を有するがゆえ，「全国」というスケールからこの問題をとらえると同時に，「公益性」の観点から，地域的なスケールで生じているこの問題を矮小化する。

地理学ではこのように，特定の問題やそれにかかわる主体を「スケール」という観点からとらえることがある。山﨑（2005c）によれば，スケールという用語には，縮尺という意味の他に，「空間的広がり」という意味があり，同様に Smith（2000）はスケールを，身体からグローバルまでのそれぞれの空間的広がりとみなし，これらは重層性を持つものであるとする。

山﨑（2005c，2009）は，これをふまえた上で，個人または集団による政治行動は特定のスケールを基盤に発生・展開すると述べる。その中でそれぞれの政治的アクターは自己に有利なスケールを操作・創出することがあり，こうした政治的な駆け引きを「スケールの政治」と呼ぶとしている。

その例として山﨑（2005c）は，1980年代前半の英国サッチャー政権が，労働党の抵抗に打ち勝つ手段として，労働党の牙城である大都市圏政府を廃止したことや，1960年代後半から1970年代初期の日本において，住宅問題や公害などローカル・スケールの問題の解決を求める革新自治体が増加したものの，高度経済成長が終わると，低成長というナショナル・スケールの問題への取組みを訴えた保守・中道勢力が多くの地方自治体で実権を奪い返したことを挙げている。

ただし Smith（2000）などのスケールをめぐる理論的整理に対し，地理学における「スケールの政治」の事例研究は少ない。その中で Miller（2000）は，米国のボストン周辺地域における反核運動について，住民の政治参加が活発な自治体を中心に運動が広がったものの，ナショナル・グローバルなスケールで展開する軍需産業がさかんな自治体では運動は広まらず，またマサ

チューセッツ州議会が「軍事は（上位スケールの）連邦の問題である」としたことから，運動が収縮したことを示した。すなわち，州議会が反核運動への対応を「連邦」というスケールでとらえたことにより，連邦に対して訴える術をもたないローカルな反核運動は収縮を余儀なくされたのである。

翻って，小金井市の新ごみ処理場建設場所をめぐる問題は，後述するように，「旧処理場周辺地区」，「小金井市」，また旧処理場は小金井市・調布市・府中市の3市による二枚橋衛生組合（以下，組合）により運営されていたため，「組合」などの空間的広がり，すなわちスケールからとらえることができる。

公害問題にかかわるさまざまな主体が，それぞれどのようなスケールの主体であるのか，そして問題をどのようなスケールでとらえているのかを明らかにすること，すなわち公害問題の展開過程を「スケールの政治」の観点を交えつつ検討することが重要である。

そこで第5章は，小金井市における新ごみ処理場建設場所の決定過程（2010年まで）を，序章で触れた環境正義の第二の論点である過程正義という考え方にもとづいて検討し，さらに，決定要因を「スケールの政治」の観点から考察する。またこれらの観点を手がかりに，環境的不公正の継続を避けるための方策についても考えたい。

この目的のために，まず小金井市の新ごみ処理場建設問題の経緯と，2か所の建設候補地の問題点について概観する（第3節）。次に，小金井市議会の会議録や，2010年における住民運動団体への聞取り調査結果，行政資料など[1]をもとに，市議会議員や住民がどのような議論を展開してきたかを検討する（第4節）。そして以上の政治過程から，建設場所の決定要因を明らかにした上で（第5節），それらの要因を「スケールの政治」の観点から考察し，加えて「環境正義」の観点から評価する（第6節）。

3. 小金井市における新ごみ処理場建設問題

(1) 二枚橋処理場の閉鎖と新ごみ処理場建設問題

東京都小金井市・調布市・府中市は1957年に，「二枚橋衛生組合」を設

立し，3市にまたがる二枚橋処理場で一般廃棄物を焼却処理してきた。1980年代以降，処理場の老朽化が問題となり，組合は建替えを議論してきた。その一方で，調布市は三鷹市と，府中市は稲城市・狛江市・国立市が構成する多摩川衛生組合との共同処理を協議してきた。こうした協議が成立したことを受け 2004 年には，組合は 2009 年度限りで解散することを決め，また 2005 年には，二枚橋処理場を 2006 年度限りで閉鎖することを決定した（表5-1）。

　小金井市は 2004 年に国分寺市にごみの共同処理を呼びかけ，両市がごみ処理のための一部事務組合を設立することと，小金井市が同市内に新処理場を建設するかわりに，新処理場完成まで，国分寺市が小金井市のごみの一部を処理することを打診し，2006 年に両市長の間で覚書が交わされた。

　二枚橋処理場が 2006 年度限りで閉鎖されることから，小金井市は多摩地域の他市にもごみ処理を依頼し，2007 年度よりごみ処理の広域支援が始まった。その一方で，国分寺市は小金井市に対し，2009 年 2 月までに新処理場の建設場所を決定するよう求めた。

　そこで，小金井市は庁内に，「焼却施設問題等検討委員会」を設置し，12回にわたる会議の結果，二枚橋処理場跡地と，市の中心に位置する市有地である蛇の目ミシン工場跡地を建設候補地とすることを決め，これを市民と学識経験者による「新焼却施設建設場所選定等市民検討委員会」（以下，市民検討委員会）で検討することとした。1 年にわたる議論の結果，市民検討委員会は 2008 年に二枚橋処理場跡地を建設場所として答申した。

　これを受けて，小金井市は 2008 年に，「答申についての市民説明会」（全7 回），2009 年に「新ごみ処理施設の建設場所についての説明会」（全 3 回）を開いたが，住民の理解を得られなかった。一方，二枚橋処理場跡地については，調布市と府中市がそれぞれ，国分寺市と小金井市の処理場を建設することに難色を示していた。そこで，東京都が 2009 年に小金井市・調布市・府中市に協議を呼びかけた結果，3 市は組合の財産である跡地の 3 分割案に合意し，組合は予定通り 2009 年度限りで解散することとなった。ここで小金井市は 2010 年に，「新ごみ処理施設の建設場所の決定に向けた市民説明会」を開き，住民の理解を得られなかったものの，2010 年 4 月に新処理場

表 5-1　新ごみ処理場建設問題年表

年	月	出来事
2004	5	国分寺市に共同処理を申し入れ
	11	二枚橋衛生組合の解散方針決定（～ 2009 年度）
2005	7	2006 年度限りでの焼却炉停止決定
2006	8	小金井市長と国分寺市長との覚書
	12	焼却施設問題等検討委員会（庁内，全 12 回）
2007	1	建設候補地 2 か所を発表
	1～2	建設候補地市民説明会（全 11 回）
	3	「蛇の目跡地周辺の環境を良くする会」結成
	3	全焼却炉停止
	4	ごみ処理の広域支援開始
	4	小金井市長選挙
	6	市民検討委員会設置（全 36 回）
2008	6	市民検討委員会による答申
	9	「ジャノメミシン工場跡地を焼却場候補地（案）から外す事をお願いする陳情」採択
	10～11	答申についての市民説明会（全 7 回）
2009	2	新ごみ処理施設の建設場所についての説明会（全 3 回）
	2	東京都と 3 市による二枚橋処理場跡地利用についての協議
2010	3	新ごみ処理施設の建設場所の決定に向けた市民説明会（全 3 回）
	4	建設場所を二枚橋処理場跡地に決定
	5	新ごみ処理施設についての説明会
2017		新ごみ処理施設稼働開始予定

市民検討委員会会議資料により作成。

建設場所を二枚橋処理場跡地に正式決定した（写真 5-1）。

　2006 年に小金井市が国分寺市に提示したスケジュールによれば，新処理場建設場所の正式決定は 2009 年 2 月までに行われるはずであった。スケジュールでは，ここから市民参加による「(仮称）新焼却施設問題等市民検討委員会」と，専門家による「(仮称）新焼却施設に係る処理方式選定委員会」を設置し，これらの議論を受けて，「新焼却施設建設基本計画」を策定した後，環境アセスメントを行い，2017 年に新焼却施設を稼動させる予定であった。

　ただし，小金井市は新処理場建設場所の正式決定を受け，2010 年 5 月に「新ごみ処理施設についての説明会」を開いたものの，住民の理解を得られなかった。このため新焼却施設建設基本計画の策定に向けた段階へ進めなかった。

写真 5-1　二枚橋処理場跡地

手前が東八道路。現在は更地になっている。
2016 年 4 月 25 日著者撮影。

（2）2 候補地の問題点

　二枚橋処理場は，小金井市・調布市・府中市のそれぞれ縁辺部に位置し，野川にかかる小さな橋の名前から名づけられた（図 5–1）（写真 5–2）。東側と南東側に都立野川公園，西側に警視庁府中運転免許試験場と都立武蔵野公園，南西側に都立多磨霊園がある。南側は東八道路という主要道路に面し，近隣の住宅地は，主に東八道路より南の府中市域に広がるものの，その区域は小さい。

　二枚橋処理場は野川流域の低地に所在し，北側には国分寺崖線が野川とほぼ並行して走る。加えて，二枚橋処理場は南東部に所在する調布飛行場の滑走路延長上に位置するため，処理場の煙突の高さは約 60m に制限されていた。崖線上と崖線下の比高は約 17m であり，煙突と崖線上との高度差は約 43m となる。そのため，煙突から排出される煙や悪臭が，崖線上の小金井市東町 1 丁目・5 丁目付近に被害を及ぼしてきたとされる。この補償として，組合は二枚橋処理場の敷地内に，老人福祉施設である「二枚橋福祉センター」を設けていたが，処理場とともに閉鎖した。

　二枚橋処理場跡地（約 11,100㎡）は，組合解散時に 3 等分され，小金井

図 5-1 研究対象地域

写真 5-2 野川にかかる二枚橋

左手の築堤は西武多摩川線。森の奥を国分寺崖線が横切る。
2016 年 4 月 25 日著者撮影。

第 5 章 郊外の新ごみ処理場建設場所をめぐる「環境正義」

写真 5-3 蛇の目跡地に立つ小金井市のリサイクル施設

2016 年 4 月 25 日著者撮影。

市・調布市・府中市がそれぞれ約 3,700㎡ずつの権利を取得した。市民検討委員会による試算では，焼却施設を建設する場合，必要面積は約 8,000㎡以上となるため，2 市から権利を買い取らなければならない。非焼却施設の場合は，約 6,000㎡以上で建設可能であるとされる。

　一方，蛇の目ミシン工場跡地（以下，蛇の目跡地）は，小金井市が1992年に市役所新庁舎の建設を見込んで取得した市有地であり，約 10,700㎡の面積を有する。蛇の目跡地は現在，小金井市のリサイクル施設とゲートボール場として利用されているが，小金井市は蛇の目跡地の売却益をもとに，武蔵小金井駅南口再開発ビルの保留床を購入し，新庁舎にあてることを計画していた（写真 5-3）。

　ここは小金井市の中心に位置し，北側を JR 中央本線に接し，南側には小金井第一小学校や小金井市立図書館，西側にはマンションがある（写真 5-4，写真 5-5）。この場所には高さ約 125m までの煙突が建設可能であるが，西側のマンションの高さが 42m であるため，その差は約 83m となる。また，ここから西へ約 1km の武蔵小金井駅南口には，高さ 95m の再開発ビルがそびえ，その差は約 30m となる（写真 5-6，写真 5-7）。

写真 5-4　蛇の目跡地周辺（1）

蛇の目跡地（写真の左手前）から南方向をのぞむ。
蛇の目跡地の南側と西側にマンションが隣接している。
2016 年 4 月 25 日著者撮影。

写真 5-5　蛇の目跡地周辺（2）

蛇の目跡地より 150m ほど南の地点から北をのぞむ。
正面を横切るのは JR 中央本線の高架。
その手前に蛇の目跡地がある。
左手前にはスーパーマーケットが，この地点より 50m ほど南には
小金井第一小学校と小金井市立図書館がある。
2016 年 4 月 25 日著者撮影。

写真 5-6
蛇の目跡地よりみえる
武蔵小金井駅前のマンション

蛇の目跡地より西をのぞむ。
右側は JR 中央本線の高架。
2016 年 4 月 25 日著者撮影。

写真 5-7　武蔵小金井駅南口

再開発の結果，バスターミナルが整備され，商業施設やマンションも建設された。
中央の円筒状の建物は，老朽化した小金井市公会堂のかわりに建設され，
音楽ホールなどを有する小金井市民交流センター。
2016 年 4 月 25 日著者撮影。

4. 新ごみ処理場建設問題をめぐる議論

(1) 二枚橋処理場の建替えをめぐる政治的対応

　1970年代前半の小金井市議会において，二枚橋処理場の老朽化はすでに認識されていた。1973年第2回定例会では，「二枚橋処理場の老朽化した焼却炉は，2・3年後に限界を迎えるといわれているが」との一般質問に対し，小金井市の清掃課長が，「炉を作る敷地がないので，ごみ減量運動を進め，炉を長持ちさせるしかない」と答弁した。1974年第2回定例会では，「二枚橋じん芥焼却場付近の生活環境保全を求める決議」が採択され，また1975年第3回定例会では，「二枚橋処理場付近の煙害調査を実施すべきである」とする一般質問に対し，小金井市長は，「組合に申し入れたい」と答弁した。

　「議員勉強会資料」[1]によれば，組合は1982年に二枚橋処理場の現状把握と将来予測を行い，「現状の施設で，老朽化とごみ排出量に対応できるのは，1987年まで」と結論づけた。その一方で1984年には，小金井市議会議長が小金井市長に対し，「二枚橋処理場の建替えにあたっては，無公害の住民に迷惑をかけない施設とし，かつ第2工場などの対応をとるよう，市長は組合に具申せよ」と申し入れた。

　このため，組合が1985年に，「施設近代化整備計画」と，二枚橋処理場建替えに伴う「環境影響事前調査計画」を策定したものの，小金井市で行われた住民説明会では，住民が「第2工場建設計画が含まれた建替え計画が前提である」と主張し，また小金井市議会も1985年第1回定例会において，「二枚橋焼却施設近代化計画に関する決議」を採択し，住民の主張を支持した。

　しかし，この決議は，調布市や府中市に根回しすることもなく一方的に採択されたこともあり，2市は，「小金井市議会がこの決議を有効とする間は，施設の更新を進められない」とし，2市が他市との共同処理を協議するきっかけとなったとされる。小金井市議会は2008年第3回定例会で，「おわび」の決議を採択し，この決議を事実上撤回した。

　組合は1988年に，「二枚橋処理場の建替えが不可能な場合は，現施設を

維持し，組合で処理不能なごみは，各市が自区内処理すること」と，第2工場を作らないことを確認し，1989年に再度小金井市で住民説明会を開いたものの，住民は，「二枚橋処理場の規模を縮小し，第2工場を作るべき」，「煙突は180mとすべき」と主張し，合意できなかった．

　また1989年には，調布飛行場の機能拡張にあたり，東京都が二枚橋処理場と都立野川公園の一部とを等積交換する案を示したものの，野川公園北側の崖線上に位置する三鷹市・国際基督教大学・国立天文台が反対し，実現しなかった．

　二枚橋処理場は，小金井市・調布市・府中市が設立した組合によって運営されていたことから，公害等の問題について，小金井市の対応は組合に働きかけるという程度にとどまった．一方，小金井市議会は，3市内のどこかに第2工場を建設することと二枚橋処理場の建替えとを同時に行うべきである，との主張を貫いた．1980年代の小金井市議会において，自民党・保守系無所属の議員からなる与党勢力は小さく，二枚橋処理場の管理者の一人である小金井市長は，小金井市議会の総意を軽視できなかった．

　1990年代以降の小金井市議会では，極度に硬直化した市の財政問題や，武蔵小金井駅南口再開発事業の是非が議論の中心であった．調布市・府中市において，他市との共同処理をめぐる協議がまとまる一方，小金井市のみがこうした政治的課題の処理に追われ，ごみ処理の将来像を十分に議論してこなかった．

　小金井市では1987年から1999年まで，保守系の大久保市長が市政を担ってきたが，市議会において明確な与党といえる議員の数は，定数26のうち，自民党・保守系無所属の8程度であった．大久保市政は，財政再建を掲げた保守系の稲葉市政に引き継がれたものの，稲葉市政1期目の与党勢力は小さいままであった（表5–2）．

　しかし，2004年に稲葉市長が，武蔵小金井駅南口再開発事業に反対する野党と対立し，市長を辞職して民意を問い，市長選挙で再選を果たした．さらに，2005年の市議会議員選挙では，再開発事業推進を支持する保守系無所属・自民党・公明党・民主党の候補者が数多く当選し，与野党の議員数が逆転した．ここから小金井市は，新ごみ処理場建設問題に対し，市議会での

表5-2 小金井市議会の政党別議員数

選挙年	定数	保無・自民	社	共	公	民社・社民連・民主・さ	革無	生ネ	大衆党・市民の党	市長	選挙の大きな争点
1981	26	9	3	5	4	3	2	0	0	保立（保無）	なし
1985	26	8	3	5	4	2	4	0	0	保立（保無）	なし
1989	26	8	4	5	4	1	4	0	0	大久保（保無）	消費税
1993	26	7	2	5	4	2	4	0	2	大久保（保無）	リース庁舎
1997	25	7	1	5	3	3	3	1	2	大久保（保無）	なし
1999						〈市長選挙〉					財政再建
2001	24	4	1	4	3	4	3	2	3	稲葉（保無）	なし
2003						〈市長選挙〉					なし
2004						〈市長選挙〉					南口再開発
2005	24	7	0	4	4	3	3	1	2	稲葉（保無）	南口再開発
2007						〈市長選挙〉					新処理場
2009	24	5	1	4	4	3	4	1	2	稲葉（保無）	なし

保無：保守系無所属，社：社会党・社民党，共：共産党，公：公明党，さ：新党さきがけ，
革無：革新無所属，生ネ：小金井・生活者ネットワーク
太字は与党であることを表す。

支持も見込めることから，より具体的に動くこととなった。

(2) 新焼却施設場所選定等市民検討委員会

　2006年に武蔵小金井駅南口再開発の起工式が行われた後，小金井市は2009年2月までに新処理場の建設場所を決定するため，庁内に「焼却施設問題等検討委員会」を設けた。ここではまず，個人所有地を除いた1ha以上の建設候補地が14か所抽出された。このうち都立・市立公園（6か所）は，都市公園を廃止する場合，代替地を確保することが都市公園法に定められていることから除外された。また他の6か所でも，区画整理や建築物建替えなどの事業が展開中であったことから，二枚橋処理場跡地と蛇の目跡地のみが残った。

　小金井市はこの2か所を建設候補地とすると，2007年には市民検討委員会を設置し，これについて議論した。当委員会は設置当初，大学教員などの学識経験者4人，小金井市環境審議会など環境関連団体からの被推薦者4人，小金井市商工会など農・商工団体から2人，消費者団体から1人，二枚橋処理場跡地・蛇の目跡地周辺地区における住民団体から2人，一般公募から

14人の，計27人で構成された。

　市民検討委員会では，「私有地も候補地として検討すべきである」という意見から，市内で非焼却施設が建設可能な約6,000㎡以上の公有地45か所，私有地65か所が抽出され，市の職員が，現在の土地利用や所有者の意向を調査した。その結果，候補地は都立小金井公園・都立武蔵野公園・蛇の目跡地・二枚橋処理場跡地に絞り込まれた。小金井市の職員や市長は，委員から促され，東京都の関係部局と交渉を重ねたものの，都の回答は，「公園に類する施設としてごみ処理場は含まれないから，転用を認めない」とするものであった。

　こうした議論を経た上で，市民検討委員会の作業は候補地の評価へと進んだ。市民検討委員会は16の評価項目と各項目の重要度を設定した上で4か所を評価したところ，6項目で蛇の目跡地が最下位となった。6項目のうち，「住宅等の密集度」・「周辺施設からの距離」・「経済コスト」[2]で3位と最下位との差が特に大きく，かつこれらの項目では重要度も比較的高かった。

　このため，蛇の目跡地の総得点と他の候補地のそれとの間に大きな差がつき，まず蛇の目跡地が候補地から除外された。ただし，1位の二枚橋処理場跡地から3位の小金井公園までの評価が僅差であったため，答申する場所を1か所とするか複数の場所とするかということが最後の議題となった。これまで委員からは，「調布市・府中市から二枚橋処理場跡地の権利を本当に購入できるのか」という意見が繰り返されてきたものの，市長はその都度，「関係市と責任を持って交渉する」と述べてきた。加えて，都は都立公園のごみ処理場への転用を認めない立場を崩していなかった。以上から，市民検討委員会は二枚橋処理場跡地を建設場所として答申した。

(3) 組合解散をめぐる東京都の調停

　市民検討委員会が二枚橋処理場跡地を建設場所として答申したものの，小金井市はその後の市民説明会において，住民の理解を得ることができなかった。また，組合解散にあたり，調布市・府中市との協議も難航したため，2009年に東京都が調停役を務めることとなった。

　東京都が示した跡地の権利分割案では，「跡地利用に妨げとならないよう，

図5-2 二枚橋処理場跡地分割案

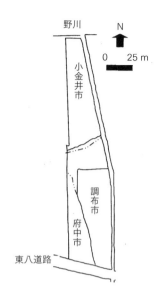

　それぞれ組合敷地の東側道路に接していること」が条件の1つとされ，そのため府中市への割り当て区域は不自然な形となった（図5-2）。ただし，この案は小金井市には非常に都合のよいものとなった。それはまず，小金井市が府中市の区域を買い取れば，約7,400㎡の新処理場建設用地を確保できるためである。この程度の大きさであれば，規模の若干小さな焼却施設なら建設できるとされる。加えて，府中市の区域は道路幅の広い東八道路に面しており，ごみの搬入に都合がよい。そして，小金井市の区域と調布市の区域とが接しないため，小規模なごみ処理施設が建設できれば，調布市との買取り協議の必要がなくなる。

　ただし，小金井市が市民検討委員会や市民説明会など，住民による議論の場を提供してきたのと対照的に，3市協議の過程は住民にほとんど明らかにされなかった。都の案を3市が受け入れ，組合が解散したことを受け，小金井市は二枚橋処理場跡地を新処理場建設場所として正式決定した。

5. 二枚橋処理場跡地に決定した要因

(1) 新処理場問題への小金井市民の関心の低さ

　以上の過程を経て，新処理場は二枚橋処理場跡地に建設されることが一度は決まった。以下では，その要因をいくつかの観点から考察する。

　小金井市の庁内会議である「焼却施設問題等検討委員会」において，二枚橋処理場跡地と蛇の目跡地が建設候補地とされたことを受け，2007年4月の小金井市長選挙では，新処理場の建設場所が初めて争点となった。

　現職の稲葉候補はごみ処理方法について，「安定的な処理には焼却以外考えられない」とする立場をとった。ただし，稲葉候補は選挙公報において，これまでの財政再建と武蔵小金井駅南口再開発事業推進の実績を強調する一方，新処理場問題については，「10年後の稼動に向けて，新焼却施設建設場所等を市民参加で。」と記すにとどまった。

　これに対し，蛇の目跡地西側のマンションを中心とした40人ほどの住民が2007年3月に結成した「蛇の目跡地周辺の環境を良くする会」[3]から支持を受け立候補した久保田候補は，「脱焼却処理」を主張したものの，現職の稲葉候補が当選した。得票数は稲葉候補が21,799，2位の久保田候補が14,434で，7,000以上の大差がついた。

　投票区ごとの候補者別得票数のデータが存在しないため，各候補者がどの地区で支持されたのかは不明である。そこで，各投票区の投票率を手がかりに，2007年の市長選挙を考察する。まず，前回2004年の市長選挙は，武蔵小金井駅南口再開発事業の是非を問うために市長が辞職して行われたこともあり，投票率が61.31％と高かったものの，今回は46.91％と大きく下がり，新処理場建設問題に対する市民の関心が大きくないことがうかがえる。その中で，蛇の目跡地に近い投票所である小金井第一小学校と，二枚橋処理場跡地に近い東中学校などで投票率が高いことがわかる（図5-3のa，b）。

　前回市長選挙の投票率が非常に高かったため，2005年の市議会議員選挙における各投票区の投票率と，2007年市長選挙のそれとを比較する。2005年市会選挙の投票率は47.23％であり，2007年市長選挙のそれと大きく変

わらない。にもかかわらず小金井第一小学校と，隣接する小金井北高校，せいしん幼稚園では，2007年の投票率がそれぞれ5.40，3.79，3.18ポイントも上昇した。その一方で，武蔵小金井駅南口に近い小金井工業高校では，8.36ポイントも下落した（図5-3のc）。

2009年の市会選挙（投票率47.27％）では，投票率が46.0％を超えた投票区は1か所しか見られず（図5-3のd），小金井第一小学校と小金井北高校の投票率も，2007年市長選挙と比較してそれぞれ5.46，4.67ポイントも下落した（図5-3のe）。すでに市民検討委員会が二枚橋処理場跡地を建設候補地と答申していたことから，この選挙では新処理場問題は大きな争点とならず，蛇の目跡地周辺地区住民の多くが再び投票所に向かうことはなかった。また，二枚橋処理場跡地周辺地区においても投票率は下落した。

ところで，小金井市は新処理場建設問題について，2007年から現在までに数多くの市民説明会を開き，このうち2008年の「市民検討委員会の答申についての説明会」は7回開かれた（表5-3）。しかしその参加者数は，小金井第一小学校の回で突出して多かったものの，二枚橋処理場跡地と蛇の目跡地周辺地区以外の回では多くなかった。小金井第一小学校の回で発言した住民の多くは，「市民検討委員会は二枚橋処理場跡地を答申したが，結局調布市と府中市の合意を得られず，市有地である蛇の目跡地に建設することになるのではないか」と，行政への不信感と憂慮を示し，行政は応じなかったものの，「蛇の目跡地に建設しないということをこの場で確約してもらえないか」と迫った。

「市民検討委員会の答申についての説明会」の会議録には，質問者の居住地も記されている。そこで，質問者の数と居住地について検討すると，二枚橋処理場跡地・蛇の目跡地周辺地区に住む質問者の数が多いものの，市の北部にも比較的多い（図5-4のa）。ただしこの説明会では，市民検討委員会の委員を務めた人達による質問も多かった。これは，市民検討委員会解散後に，府中市が二枚橋処理場跡地の近隣に保育所を建設する計画が明るみに出たため，元委員が，「小金井市の職員は，市民検討委員会が開かれていたときに，府中市の計画を知っていたのではないか」と繰り返しただすものであった。元委員を除くと，二枚橋処理場跡地・蛇の目跡地周辺地区以外に住

図5-3 小金井市における選挙の地区別投票率

1:小金井第一小学校
2:小金井北高校
3:せいしん幼稚園
4:東中学校
5:小金井工業高校
6:小金井第三小学校
7:小金井第二小学校
8:貫井南センター
●:蛇の目跡地
○:二枚橋処理場跡地

a) 小金井市の投票区と投票所

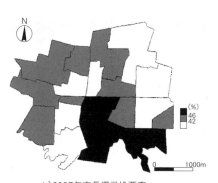

b) 2007年市長選挙投票率

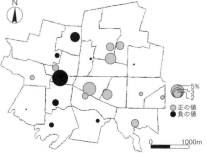

c) 2005年市会選挙と比較した
2007年市長選挙の投票率増減

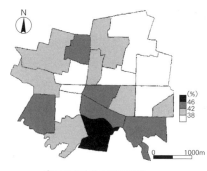

d) 2009年市会選挙投票率

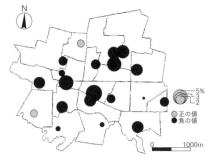

e) 2007年市長選挙と比較した
2009年市会選挙の投票率増減

表 5-3 「市民検討委員会の答申についての説明会」の参加者数

回	会場	町丁名	曜日	時間	参加者数	質問者数 (うち元委員)
1	小金井第三小学校	梶野町5丁目	土	午前	22	7 (3)
2	小金井市民会館	中町4丁目	水	夜	23	10 (8)
3	小金井第二小学校	桜町2丁目	土	午前	10	4 (2)
4	小金井第一小学校	本町1丁目	日	午前	107	18 (4)
5	東中学校	東町1丁目	火	夜	32	12 (6)
6	貫井南センター	貫井南町4丁目	木	夜	12	10 (3)
7	東センター	東町1丁目	日	午前	58	18 (7)

市民説明会の会議録による。

図 5-4 市民説明会での質問回数

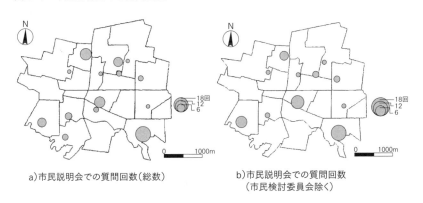

a) 市民説明会での質問回数(総数)　　b) 市民説明会での質問回数
　　　　　　　　　　　　　　　　　　（市民検討委員会除く）

む質問者の数は非常に少なくなる（図5-4のb）。

(2) 2候補地の近隣住民による対応の違い

　小金井市東町1丁目・5丁目は，二枚橋処理場による公害の被害を受けてきたとされ，ここでは二枚橋処理場閉鎖以前から，「小金井市東部の環境を良くする会」（以下，東部の会）という団体が住民運動を展開していた。2009年以降の市民説明会は，ほぼすべての回がこの地区で開かれ，参加者がかつての被害を訴えた。たとえば2009年の「新ごみ処理施設の建設場所

についての説明会」において，東町5丁目に住む女性の1人は，「夕方帰ってきて洗濯物を入れると生臭かった」こと，また東町5丁目に49年間住む女性の1人は，子供2人が喘息を患ったことを訴えた。ただし，二枚橋処理場とこの地区の環境との直接的な因果関係を示した公式なデータは存在しない。

その中で，小金井市が1984年8月に二枚橋処理場周辺の6地点と都立野川公園で行った，大気質と逆転層についての調査結果によれば，前者については，「調査結果の風向別濃度から，調査地域について二枚橋衛生組合の影響は，無いか極く小さいものと考えられる」とされ，後者については，「比較的強い逆転層の発生する冬では，100m付近の逆転層により大気質の高濃度汚染の原因になるものと推定される」ものの，調査時において，「接地逆転，上層逆転とも比較的弱いものであり，大気質の高濃度汚染の原因になるとは考えられなかった」とされた。市民検討委員会において，東部の会に所属する委員は，この調査の報告書を資料として提出し，公害の根拠とした。

しかし，二枚橋処理場周辺地区において，東部の会などが，処理場と環境との直接的な因果関係や疾病患者について，調査したり地図化したりすることは行われてこなかった。大久保市政（表5–2参照）では，東部の会と市の職員との話し合いの場が定期的に設けられていたものの，市長交代時に途切れたとされる。東部の会に所属する市民検討委員の一人が，かつて革新系の会派に所属する市議会議員を長く務め，市議会副議長も務めた人物であることから，東部の会は行政に対し，ある程度の発言力を持っていたと考えられるが，それと引きかえに，被害を実証したり，他の地区や他市にアピールしたりすることがおろそかになっていたのではないであろうか。

実際に，「蛇の目跡地周辺の環境を良くする会」（以下，蛇の目の会）の共同代表は，「東町の市民説明会に出席して初めて，『50年にわたる被害』を知った。新処理場問題が起こるまでは，まったく知らなかった」ことや，「蛇の目の会が東部の会と連携することはなかった」ことを語っている。

対照的に，蛇の目の会に所属する市民検討委員の1人は，処理場建設場所決定のための評価の直前に，「2008年の小金井市地下水保全会議で，『蛇の目跡地での開発が国分寺崖線の湧水に影響を及ぼす可能性がある』と指摘さ

れている。約125mの煙突を建てる場合は相当深く掘り下げた基礎が必要になり、さらなる地下水への影響が出る」と主張した。住宅地に囲まれた蛇の目跡地については、それまで自然環境への影響をほとんど評価する必要がないとされてきたが、この主張は結果的に蛇の目跡地の評価が最下位となる一因となった。

また、蛇の目の会は2008年に、「蛇の目ミシン跡地への焼却場建設計画の白紙撤回を求める陳情」と「蛇の目跡地への新ごみ処理場建設の反対と新候補地選定を求める陳情」を小金井市議会に提出した。共同代表が提出時に意見陳述を行い、前述の地下水への影響についても訴えた。これらの陳情は、「蛇の目跡地は当初の購入目的どおり、新庁舎建設用地として利用せよ」とする要望なども含んでいたことから採択されなかったものの、小金井第一小学校PTAが同時に提出した、「ジャノメミシン工場跡地を焼却場候補地(案)から外す事をお願いする陳情」は採択されたことから、市議会における蛇の目の会の意見陳述はある程度奏功したと考えられる。

その結果、前述の「市民検討委員会の答申についての説明会」におけるやりとりに見られるように、新処理場建設場所が正式決定するまで、市長は蛇の目跡地に建設する可能性を完全には否定しなかったにもかかわらず、市民検討委員会と市議会が、蛇の目跡地の候補地からの除外を認定することにつながった。

(3) 市民検討委員会における処理方式についての議論の棚上げ

仮に市民検討委員会で、新処理場の建設場所を決める前に、ごみ処理方式を非焼却と決めていたならば、二枚橋処理場跡地周辺地区住民の新処理場に対する懸念はある程度軽減され、また小金井市の他の場所での建設可能性も広がったかもしれない。このため、市民検討委員会において複数の委員が、「焼却だけでなく、他の処理方式も検討すべきである」と主張した。にもかかわらず、市長や市の職員は焼却処理にこだわり、庁内会議や市民検討委員会において、処理方式の検討は行われなかった。

これにはいくつかの理由が考えられる。まず、国分寺市が新処理場建設場所決定の期限を設定している中で、小金井市に時間的猶予がないということ、

2点目として，2006年に小金井市が国分寺市に提出したスケジュールによれば，「処理方式は建設場所決定後に，小金井市・国分寺市の行政と専門家からなる委員会で決定する」とされていることである。ただし，スケジュール提出の直前に，小金井市と国分寺市は，「焼却処理を処理方式の基本としながら，炭化処理などの新方式や，生ごみを発酵させて燃料にするバイオガス化の導入の可否についても検討する」との合意も交わしている。

なぜ最初に場所を決めることにこだわるのか。3点目に，仮に市民検討委員会などで処理方式を検討し，焼却以外の方式が採用された場合，調布市・府中市との協議や，2市からの土地購入が必要である二枚橋処理場跡地よりも，市有地であり，かつ面積の大きい蛇の目跡地のほうが施設を建設しやすくなることが挙げられる。

ただし，焼却以外の処理方式であっても，市の中心を多数のごみ収集車が往来することや，小金井市が蛇の目跡地を新庁舎建設予定地として取得した経緯により，周辺住民から固定資産税減免の要求や，訴訟を起こされる可能性がある。実際に，蛇の目の会の共同代表は，「もし新処理場の建設場所が蛇の目跡地に決まったならば，『市役所用地として買った土地をごみ処理場に無断で切り替えた』として，集団訴訟を起こすつもりだったし，そう公言もしていた。訴訟になれば長引くだろう」と語っている。小金井市の行政は，市民が議論する場を設けながらも，処理方式については議論しないことによって，蛇の目跡地に決まることを避けようとする意図があったのではないかとも推測できるのである。

5. まとめ──小金井市の新処理場建設場所をめぐる「環境正義」

前述のように，二枚橋処理場周辺地区の住民は，50年にわたり環境的不公正を受けてきたとされる。しかし，小金井市長選挙などの投票率や，市民説明会の参加者数・質問者数を検討すると，この問題をめぐる小金井市民の関心は高くなかった。つまり，小金井市民の多くはこの問題を，局地的なスケールのものとしかとらえていなかったといえる。

ただし，二枚橋処理場周辺地区の住民も，環境的不公正をめぐる独自の調

査や，そうした調査にもとづく小金井市民へのアピールをおろそかにしてきた。たとえば，埼玉県所沢市などの通称「くぬぎ山」地区における産業廃棄物焼却施設集積問題では，所沢市や埼玉県が，焼却施設の操業状況に問題はないとする一方で，住民団体が産廃処理業者の監視やさまざまな環境調査を行い，違法な操業状況を広く告発したことが，ほとんどの焼却施設の撤退につながった（埼玉西部・水と土をまもる会2005）。また，この問題をテレビの報道番組が取り上げたことにより，結果的に全国的な関心を呼ぶこととなった。

対照的に，小金井市におけるかつての大久保市政では，二枚橋処理場周辺地区の住民と市の職員が定期的に協議する話し合いの場が設けられていたものの，それは二枚橋処理場をめぐる問題を，行政と関係住民との間に，つまりは局地的なスケールにとどめる役割を結果的に果たしてきたのではないであろうか。

たしかに，二枚橋処理場周辺地区の住民は，1980年代における処理場の老朽化問題をめぐり，「第2工場」の建設を主張するなど，この問題を「組合」というスケールで訴えた時期もあった。しかし，ごみ処理場がいわゆる「迷惑施設」である以上，その被害を訴えるには，科学的かつ客観的資料が必要であったといえる。

一方，蛇の目跡地周辺地区の住民は，市民検討委員会において，蛇の目跡地での新処理場建設が国分寺崖線の湧水に与える影響について訴えた。小金井市は，「小金井市の地下水及び湧水を保全する条例」を制定し，「地下水保全会議」という審議会を設置していることからもわかるように，「はけ」と呼ばれ親しまれている国分寺崖線と，そこでの湧水の保護に力を入れている（写真5-8）。つまり，蛇の目の会は地下水への影響を取り上げることにより，蛇の目跡地での新処理場建設問題を，小金井市というスケールで訴えることに成功したといえるのである。

それぞれの政治的主体は，スケールという概念を念頭に行動しているわけでは必ずしもないため，「スケールの政治」とは，調査者による解釈の一つであるかもしれない。それでも以上の考察からは，二枚橋処理場周辺地区の住民が，かつての二枚橋処理場の問題をめぐり，小金井市というスケールで

写真 5-8
小金井市立はけの森美術館

「はけの道」沿いにある美術館。
後方に国分寺崖線がひかえる。
2016 年 4 月 25 日著者撮影。

訴えることを欠いてきたことが，新処理場建設場所の決定要因の一つであると結論づけられるのである[4]。

　ところで，これまで論じてきたごみの中間処理に関するものではないものの，栗島（2004, 2009）は，一般廃棄物の最終処分先が住民に明らかにされないことが，最終処分場の残余不足をめぐる「情報の隔絶」につながり，結果的に住民のごみ問題に対する意識の高まらない要因であると述べている。

　前述のように，蛇の目の会の一人は，二枚橋処理場周辺地区の「50 年にわたる被害」を，新処理場をめぐる市民説明会の場で初めて知ったと述べた。このことからも，二枚橋処理場周辺地区の住民は，かつての二枚橋処理場の問題を，科学的かつ客観的な調査によって明らかにし，その情報が小金井市全体に伝わるよう，行政に働きかける必要があったといえる。小金井市はその上で，新処理場建設場所について，処理方式も含めて議論し決定すべきであった。こうした手続きを経た上での議論によってはじめて，前述の中澤（2009）の事例のような，受苦の分担への可能性が生まれる。以上より，小金井市における新ごみ処理場建設場所の決定過程は，情報の共有されていな

い中で重要な政策が決定されたという点で，過程正義の観点からも問題があると言わざるを得ない。

1　後述する「新焼却施設建設場所選定等市民検討委員会」と，この委員会の答申についての市民説明会，小金井市役所の庁内会議である「焼却施設問題等検討委員会」の会議録と会議資料は，小金井市の公式ホームページで閲覧できる。
　　（http://www.city.koganei.lg.jp/kakuka/kankyoubu/gomitaisakuka/siryou/index.html，最終閲覧日：2011年2月3日）。また，第4節第1項で述べる組合の動きについては，2009年5月18日の小金井市議会議員による勉強会に市職員が提供したとされる資料（「議員勉強会資料」）を参照した。この資料は，組合議会だけでなく，組合議員による全員協議会や，組合の正・副管理者会議など，通常は非公開の会議の内容を含んでおり，小金井市議会議員の一人が個人ホームページにおいて公開している。
　　（http://www.koganei.com/cgi-bin/e-gikai/c-board.cgi?cmd=one;no=2711;id=1，最終閲覧日：2011年2月3日）。
2　評価方法は以下の通りである。まず各委員が各評価項目の重要度を0，1，2，3の4段階（数字が大きいほど高い重要度を示す）で示し，それぞれ平均をとる（①）。次に，各評価項目についても同様の方法で評価し，それぞれ平均をとる（②）。そして各評価項目について，①と②を乗じたものを得点とし，各候補地について総得点を算出する。「経済コスト」には，蛇の目跡地に新処理場を建設する場合，蛇の目跡地購入費の一部にあてられた「庁舎建設基金」に，利子を含めて約24億円を積み戻さなければならない，という事情が含まれる。そのため，この項目では蛇の目跡地の評価が低かった。
3　2010年における共同代表への聞取り調査によれば，この会は，「おとなしい住民，普通のサラリーマンが中心で，過激な抗議活動もしなかった」という。
4　第5章は，東部の会における会員の議論や会の意思決定過程などには踏み込んでいない。ただし，市民検討委員会や，その答申についての市民説明会の会議録から推察するかぎり，東部の会においては，元市議会議員の会員の発言力とその影響が大きいように感じられた。しかし，地理学の一研究において特定の個人の言動や行動を大きな問題とすることはためらわれた。東部の会についての分析が少ないのは，以上の理由からでもある。

コラム④

小金井市の新ごみ処理場建設場所をめぐる問題の顛末

　第5章で述べたように，東京都の調停によって二枚橋衛生組合が2009年度限りで解散すると同時に，小金井市は新ごみ処理場建設場所を二枚橋処理場跡地にすることをいったんは正式決定した。しかしこの決定について，小金井市は2010年の旧処理場周辺地区での住民説明会を通じて住民の理解を得ることができなかった。加えて，府中市は処理場跡地を小金井市に売却する意向を示したものの，調布市は売却しないことを決めた。

　こうして新ごみ処理場建設場所をめぐる問題が膠着する中で，2011年に小金井市長選挙が行われ，「二枚橋処理場跡地への新焼却施設建設は白紙」「『燃やさない』処理方式を導入」などの方針を掲げた佐藤和雄氏が，現職の稲葉市長を破り当選した。

　ところが，佐藤氏が選挙活動中に，可燃ごみの処理を他市に委託するようになってから小金井市のごみ処理費用が増えたことを「無駄づかい」と発言していたことが新聞に取り上げられると，2011年度後期分のごみ処理について，他市が支援を名乗り出なくなった。このため佐藤市長は辞職し，稲葉氏が市長に返り咲いた。

　市長復帰後，稲葉市長は二枚橋処理場跡地への建設を基本としながらも，他の一部事務組合への加入も模索した結果，2012年に国分寺市との共同処理方針を断念した。一方で，2012年には日野市が小金井市と国分寺市との共同処理方針を正式決定した。これは，日野市が従来の単独処理から共同処理へと移行することにより，日野市のごみ処理施設の建て替え費用を圧縮できるためとされる。

写真コラム 4-1 「ごみ非常事態宣言」の横断幕

小金井市内の多くの公共施設で掲げられている。
日野市内に建設される新ごみ処理場が完成するまで，
小金井市のごみをめぐる「広域支援」はつづく。
2016 年 4 月 25 日著者撮影。

　日野市内では共同処理への反対運動が展開されたものの，2014 年に 3 市で覚書が交わされた。日野市の新処理施設は 2019 年度に稼動予定である。

第6章

地下水をめぐる「ポリティカル・エコロジー」
——山梨県北杜市白州町

1.「水の商品化」と郊外

　現在の世界各地では，多国籍企業による「水の商品化」と水の独占という問題が起きている（バーロウ・クラーク 2003）。多くの発展途上国では，公営水道事業の民営化と引き換えに援助を約束する世界銀行の後押しもあり，多国籍企業が水道事業に参入している。その結果，水道料金の大幅値上げが行われ，低所得者に水が供給されないという問題や，コスト削減のための設備管理の切り詰めにより，水が衛生的に供給されないなどの問題が多発している（国際調査ジャーナリスト協会 2004）。また，米国ミシガン州では大手ミネラルウォーター企業の地下水採取に対し，水資源の枯渇や生態系の破壊を危惧した住民が，企業を相手に訴訟を起こしている（中村 2004）。

　日本では降水量が多いということもあり，現在のところ，「水の商品化」の問題は顕在化していない。ただし，日本のミネラルウォーター生産量は1990年代以降激増しており（図6-1），また日本では地下水の利用と保全のあり方とを総合的に定めた法律も存在しないことから（地下水を守る会 1993），今後海外諸国と同様の問題が起こる可能性は否定できない。

　実際に，国産ミネラルウォーター製品の生産地は山梨県に集中し[1]，とくに同県の北杜市白州町[2]には，ミネラルウォーター業界首位の企業を傘下に持つサントリーホールディングス（株）（以下，サントリー）と，日本コカ・コーラ（株）のグループ会社であり業界第2位の白州ヘルス飲料（株）

図6-1 日本のミネラルウォーター生産量

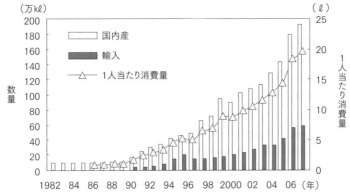

日本ミネラルウォーター協会ホームページ（http://minekyo.net/index.php?id=5 最終閲覧日：2009年5月27日）による。

写真6-1 白州ヘルス飲料株式会社

中央にコカ・コーラのロゴと「いろはす」のブランド名が見える。
写真6-2のJA熊本果連に近接する。
2016年5月1日著者撮影。

（写真6-1）や，地下水を食品加工に利用する企業が集積している。

　ここで生産されたミネラルウォーターは主に，東京を中心とする大都市圏へと供給される。ただし後述するように，白州町の住民の一部は，地下水の過剰な採取を懸念している。すなわち，ミネラルウォーターの採水地の環境改変は，大消費地である大都市やその郊外に左右されているといえる。そしてこうした問題を，序章で述べた「ポリティカル・エコロジー」という研究視角の下で検討する意義がある。

　第6章は，日本における「水の商品化」のひとつの事例として，東京大都市圏縁辺部に位置する白州町に水関連企業が集積し，大量の地下水を採取している要因を，企業行動という経済的観点からだけでなく，企業行動とローカルな政治とのかかわりという，ポリティカル・エコロジーの観点から明らかにする。そのために，白州町の元職員・元白州町議会議員1人ずつと，北杜市白州総合支所，白州町に立地する水関連企業のサントリー・山梨銘醸（株）・（株）シャトレーゼ・白州豆腐（株）への聞取り調査と，白州町議会議会報などの町政資料の分析を行った。

2. 白州町における水関連企業の集積

（1）白州町の概要

　山梨県北巨摩郡白州町は，南アルプスと釜無川に挟まれた県境の町であった（図6-2）。町の西部には標高2,966 mの甲斐駒ヶ岳がそびえ，これらの山への降水は，花崗岩層を浸透する際にミネラル類を含み，地下水として伏流する（白州町誌編纂委員会1986）。また，これらの山を源流とする尾白川などが町内を流れ，扇状地を形成する。地下水は工業用水と飲用水として，釜無川の水は農業用水として供給されてきた。

　白州町には国道20号線（甲州街道）が通り，かつては町内の台ヶ原宿が栄えたが，鉄道の開通により衰退すると，稲作・畜産・野菜栽培などの農業が産業の中心となった。釜無川を挟んで接する小淵沢町（現，北杜市小淵沢町）にはJR中央本線小淵沢駅と中央自動車道小淵沢インターチェンジがあり，これらの交通機関により県庁所在地の甲府市や東京都心部への便は良い。

図6-2 研究対象地域

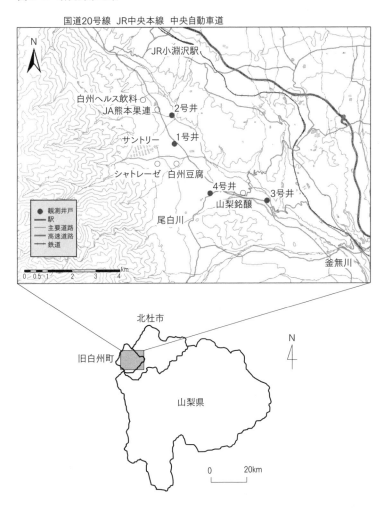

　国勢調査によれば，白州町の人口は1947年に8,111とピークを迎えた後，1960年代に大きく減少し，1970年に4,747となった。これ以降は微減傾向にあり，2000年の人口は4,285であった。高齢化も進んでおり，2000年の高齢者率は28.7%に達した。また，いわゆる減反政策や農家の後継者不

足・高齢化などにより，総人口に占める第一次産業人口の割合は1970年の63.6%から，2000年の21.8%にまで減少した。かわりに，第二次産業人口の割合が14.3%から36.5%へ，第三次産業人口のそれが22.1%から41.7%へと大きく増加した。

(2) 白州町における水関連企業

白州町において大量の地下水を採取してきたのは，以下の6企業[3]である（表6-1）。大阪市に本社を置くサントリーホールディングス（株）は，白州工場でウィスキーとミネラルウォーター製品を製造しているグループ企業を傘下に持つ。

日本コカ・コーラ（株）のグループ会社であり，白州町に本社を置く白州ヘルス飲料（株）は，町北部の下教来石農工団地に立地し，コカ・コーライーストジャパンプロダクツ（株）から，関東圏を中心に出荷されるコカ・コーラ社製品の製造を請け負い，「森の水だより」などのミネラルウォーター製品を製造している。

山梨県甲府市に本社を置く（株）シャトレーゼは，町中央部の前沢工業団地に立地し，氷菓や和・洋菓子，ミネラルウォーター製品を製造している。シャトレーゼは山梨県内に3工場，北海道に1工場と，北海道から中国・四国地方までに450の直売店を持つ。

熊本市に本部を置く熊本県果実農業協同組合連合会（以下，JA熊本果連）は，下教来石農工団地に立地し，熊本県で栽培されたミカンを原料とする清涼飲料水を製造している。製品は主に他社のOEM製品として出荷される（写真6-2）。

神奈川県鎌倉市に本社を置く白州豆腐（株）は豆腐類を製造し，製品は関東地方・山梨県・静岡県に出荷される。白州豆腐は2008年に，東京都中野区に本社を置いていた泉食品（株）から社名変更した。

白州町に本社を置く山梨銘醸（株）は1750年創業の酒造業である。製品は約90%が山梨県，残りが関東地方に出荷され，「七賢」の銘柄で知られる（写真6-3）。聞取り調査によれば，サントリー・シャトレーゼ・白州豆腐は，いずれも水質の良さから白州町に進出した。

表 6-1　白州町の主な水関連企業

進出年	企業名	業務内容	本社所在地	従業員数	観光客への対応
1750	山梨銘醸（株）	酒類製造	山梨県北杜市	18	工場見学（12～2月），直売所
1973	サントリーホールディングス（株）	ウィスキー・清涼飲料水製造	大阪府大阪市	120（水工場）	工場見学（年間）
1982	熊本県果実農業協同組合連合会	清涼飲料水製造	熊本県熊本市	253	なし
1983	白州豆腐（株）	豆腐類製造	神奈川県鎌倉市	75	なし
1995	（株）シャトレーゼ	氷菓類・清涼飲料水製造	山梨県甲府市	260	工場見学（年間），直売所
1998	白州ヘルス飲料（株）	清涼飲料水製造	山梨県北杜市	不明	なし

聞取り調査・各企業のホームページにより作成。

写真 6-2　JA 熊本果連

国道 20 号線（甲州街道）沿いに立地する。
2016 年 5 月 1 日著者撮影。

　1960 年代の大幅な人口減少に伴い，白州町はその対策として 1969 年に工場誘致条例を制定し，進出後 3 年間の固定資産税徴収免除などを定めた。その結果，1973 年に当時のサントリー（株）が進出し，ウィスキーの製造を始めた。また，税収が減るという理由で 1976 年に工場誘致条例が廃止された後も，1982 年に JA 熊本果連と 1983 年に泉食品が進出した。さらに，

写真 6-3 山梨銘醸株式会社

台ケ原宿の旧道に面し,「七賢」の銘柄で知られる酒造業。
ここでは酒蔵の見学や商品の購入ができる。
2016 年 5 月 1 日著者撮影。

1995 年にシャトレーゼと,1998 年に白州ヘルス飲料が進出し,1999 年には JA 熊本果連も増産のために新工場を稼働させた。

　サントリーは,ウィスキーの需要増に対応するため白州町に進出したものの,ウィスキーの消費量が 1983 年をピークに減少傾向に転じたことにより[4],ソフトドリンク部門の研究開発を進める必要に迫られた(秋場 2006)。おりしも 1983 年の当時のハウス食品工業(株)による「六甲のおいしい水」発売開始により,ミネラルウォーターが家庭に浸透し,また 1990 年代に入ると,美容面での効用が雑誌記事でさかんに紹介されるなど[5],その用途は広がりをみせていた。

　そこで,サントリーは 1991 年に白州工場で,「南アルプスの天然水」2ℓ ペットボトル入り製品の発売を始めた。また 1996 年には,「容器包装リサイクル法」制定と引き換えに個人による携帯が可能な 500 mℓ ペットボトルの製造が認められたため,サントリーは白州工場内に新たに水専用工場を建設し,500 mℓ ペットボトル入り製品の製造を開始した。その結果,サントリーは 1997 年に業界首位に浮上した。聞取り調査によれば,シャトレーゼも 1996 年から 1998 年ごろに直売店でミネラルウォーターの販売を開始した。

写真6-4
地下水協議会の観測井(1号井)

現在の北杜市白州体育館の敷地内に所在する。
2016年5月1日著者撮影。

　また白州ヘルス飲料は，いわゆる「2000年問題」に伴う需要増に備え，1999年にミネラルウォーター市場に本格的に参入し，当初，白州町・富山県婦負郡婦中町・宮崎県小林市の3か所で取水した。こうして製品の輸送費を圧縮し，他社との価格競争を仕掛けた結果，白州ヘルス飲料の出荷量は2002年に業界第2位に浮上した[6]。

　一方，サントリーも2003年に熊本県上益城郡嘉島町に阿蘇工場を新設し，沖縄を除いた九州地方向けの製品製造を，また2008年には鳥取県日野郡江府町に奥大山工場を新設し，近畿・中国・四国地方向けの製品製造を始め，多採取地化を進めた。現在，白州工場で製造されるサントリーのミネラルウォーター製品は上記以外の地域に出荷されている。

　水関連企業の集積に伴い，白州町は1997年にサントリー・JA熊本果連・シャトレーゼ・泉食品・白州ヘルス飲料に呼びかけ，「白州町地下水保全・利用対策協議会」（以下，地下水協議会）を発足させた。会員の各企業は地下水採取量に応じた金額を提供し，2001年までに町内に4本の観測井を設置し，ボーリング会社に水位の観測を委託している（写真6-4）。こうした

取り組みを当時の環境庁は,先進的であると評価した[7]。

3. 地下水をめぐる議論と行政の対応

　一方,白州町議会では企業による地下水採取をめぐる議論が展開された。白州町議会において,水関連企業に対する地下水採取規制を求める発言があったのは,シャトレーゼと食品工業1社の進出計画が進みつつあった1990年第1回定例会であった（表6-2）。1991年第3回定例会の一般質問では,「水を必要とする企業の進出に伴い,住民の間から水資源保護を心配する向きがある」という発言に対し,町の職員による答弁は地下水の状況を深刻にはとらえていなかった。

　また,1994年第2回定例会の一般質問では,白州町に進出予定の白州ヘルス飲料によって地下水が大量に採取されることを懸念する発言があった。「地下水をどんどん汲み上げればどのような影響があるのか」という質問に対し,ここでも町の企画財政課長は,「有限か無限かは地下水のことなので断言できない」と答えるにとどまった。

　さらに,1995年第2回定例会の一般質問では,「今後無秩序に地下水の開発を進めていけば,近い将来必ず環境に悪影響が出ると予想される。地下水に関する町の条例を制定せよ」という発言に対し,町長は「山梨県の『地下水資源の保護および採取適正化に関する要綱』がある」と答えた。

　この要綱は,「1日につき1,000㎥以上の地下水を採取しようとする井戸設置者に対して県知事が,また10㎥以上1,000㎥未満のそれに対しては市町村が,基準に適合するよう指導すること」を定めている。ただしその基準とは,「量水計が設置されていること」や,「隣接する既設井戸に支障を及ぼさない程度の採取量であること」などとされ,採取量についての具体的な数値を定めているわけではない[8]。井戸設置者は,工事施工前に知事または市町村と協議し,1,000㎥以上については原則として知事と協定を結ばなければならない。

　このとき問題があれば,設置者に対し工事の中止や変更を勧告することができる。ただし,こうした協議や指導は井戸設置の際に限られる。唯一の

表 6-2　白州町議会における地下水に関する一般質問

年	回	質問者	所属	内容	分類
1990	1	吉崎	無	企業の地下水利用などに対し積極的な行政指導を	規制
1991	3	安出	公	水関連企業の進出に伴い，水資源保護を心配	規制
		吉崎	無	水関連企業の進出に伴う条例制定を	規制
1994	2	森谷	無	下教来石農工団地への進出企業は水を大量に使うが	規制
				企業に対し，取水の報告や調査をさせているのか	情報公開
1995	2	吉崎	無	近い将来必ず影響が出るから地下水条例制定を	規制
1996	1			〈白州町地下水保全条例制定〉	
	2	鈴木(太)	共	新たな水関連企業の進出について	規制
				地下水保全のための町の施策，上限設定は	規制
1997	1	細田	公	地下水保全のための町の施策	規制
		吉崎	無	企業からの揚水量報告書の説明を	情報公開
	3	鈴木(太)	共	企業の地下水使用量が適正か町が点検せよ，上限設定を	規制
		細田	公	適正基準もなく井戸設置許可にも歯止めがない	規制
				企業の揚水量，井戸設置許可件数，地下水の状況把握について	情報公開
				企業に対する協力費について	税
				〈地下水協議会発足〉	
	4	原	無	水位計による地下水情報板の設置を	情報公開
2000	1	鈴木(太)	共	上限設定付きの指導要綱を	規制
		吉崎	無	町は，地下水協議会で企業に指導できる立場にないのでは	協議会
				法定外課税の検討を	税
	3	鈴木(亀)	無	水関連企業に課税を	税
				企業の日産数量と出荷先は	情報公開
		吉崎	無	町は，地下水協議会で企業に指導できる立場にないのでは	協議会
				課税について	税
				地下水の持出し量	情報公開
				新たな水関連企業の進出について	規制
		細田	公	日産数量がわからないとはどういう意味か	情報公開
2001	4	細田	公	地下水位の状況	情報公開
2002	4	鈴木(亀)	無	ミネラルウォーター税について	税
2003	4	細田	公	観測井のデータを公表せよ	情報公開
2004	2	吉崎	無	ミネラルウォーター税について	税

無：無所属，公：公明党，共：日本共産党
規制：水関連企業に対する地下水採取規制を求めるもの，水関連企業の進出予定を問うもの
情報公開：町に対し，地下水に関するデータの提示を求めるもの
税：水関連企業に対し，地下水採取に伴う法定外目的税を課すことを求めるもの
協議会：地下水協議会についての質問
『白州町議会会議録』による。

チェックともいえる井戸設置許可についても，2002年にサントリーが4本の井戸の新設を県に届け出ていなかったことが発覚し，監視の緩さがうかがわれる[9]。

このため，1996年第1回定例会において制定された「白州町地下水保全条例」では，井戸設置後，設置者や地下水採取者に対し，井戸への立入り調査を要求できるようにした。ただし調査の結果，地下水の著しい枯渇や他の水源などへの影響が認められた場合においても，これに対する処置は，「取水量の制限」や「地下水源の保全上必要な指導・勧告」にとどまる。井戸設置許可を受けなかったり，井戸への立入り調査を拒んだりしたときも10万円以下の罰金が科されるにすぎない。

白州町の条例は，採取量上限が設定されていないことや，井戸設置許可の基準など，基本的に山梨県の要綱を踏襲している。また1日あたり採取量1,000㎥未満の井戸であれば設置本数は制限されない。このため1997年第3回定例会の一般質問では，「条例を作ったが，現実は適正基準もなく，井戸設置許可にも歯止めがかからない」と指摘された。これに対し町長は，私有地内の設置物を規制することが，「民法に定められている私有権を侵すことになる」と答弁し，これ以降も採取量上限の設定や町全体での総量規制に対する消極的な姿勢を貫いた。

白州町長は1996年第2回定例会の一般質問において，「以前に水関連企業1社から進出希望があったが断った。今後も水関連企業の進出はお断りする」と述べており，実際に，この発言以前に進出を表明していた白州ヘルス飲料を除き，白州町に新たな水関連企業は進出していない。町の行政による事実上の地下水採取規制といえるものは，この方針のみであった。

一方で，町の行政は，地下水採取が町内の地下水や河川の水位・水質に及ぼす影響を把握してこなかったため，前述のように1997年に地下水協議会を発足させた。しかし，地下水協議会において町は1会員にすぎないため，2000年の白州町議会第1回・第3回定例会の一般質問で，「町はこの立場で企業に対する指導ができるのか。観測井の設置のために企業からお金を取っているのだから」という疑問の声が上がった。

これに対し町長は，「町が独自で地下水調査をすると膨大な費用がかかる

から、それを地下水協議会でやろうと取り組んでいる。毎月のデータをもとに、地下水位の低下傾向が続いたら、法的規制はできないが行政指導する。官民一体という姿勢なのでご理解を」と答えた。

こうして地下水協議会による観測データの蓄積が始まったが、北杜市が発足するまでデータは公表されなかった。2003年第4回定例会の一般質問で、観測データの公表を求める声が上がったのに対し、町長は、「もうしばらくデータをとってから専門家による分析を行う。まだ公表の段階ではない。季節的な変化があるが地下水の減少には至っていない」と答えるにとどまった。

地下水協議会発足以降、白州町議会では企業に対する地下水採取規制を求める発言がほとんどなくなり、企業に対し地下水採取に伴う法定外目的税の徴収を求めるものや、地下水協議会に対しデータの公開を求めるものがこれにかわった。

4. 水関連企業集積の影響

(1) 水関連企業の工場従業者数

白州町において、企業に対する地下水採取規制がほとんど行われてこなかった要因を考察する前に、水関連企業の集積に伴う経済的・自然的影響についてあらためてまとめておきたい。

白州町における主な水関連企業の工場従業者数は表6-1に示してある。サントリーの水専用工場従業者数は、1996年の稼動開始当初30人であったが2008年には120人へと大幅に増加した[10]。シャトレーゼでは、操業開始時に100人ほどの従業者が勤務していたが、2008年には260人にまで増加した。このうち40%が北杜市から、20%が韮崎市から、10%が甲斐市から、残りは甲府市や長野県から通勤している。同社は北杜市出身の従業者数が40%程度になるように考慮して採用しており、年齢層では20歳代から40歳代までがほとんどを占めている。白州豆腐では、従業者数75人のうち白州町内に住むのは20人ほどであった。

水関連企業の進出に伴い、白州町ではある程度の雇用の創出が見られたが、町民の雇用はその一部にとどまる。聞取り調査によれば、北杜市の職員も、

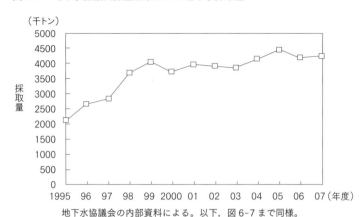

図 6-3 地下水協議会加盟企業による地下水採取量

地下水協議会の内部資料による。以下,図 6-7 まで同様。

「雇用拡大の効果は長続きしなかった」との印象を持っている。

(2) 地下水位への影響

　北杜市への聞取り調査を行う中で,地下水協議会からの委託により甲府市内のボーリング会社が観測・作成した地下水報告書が得られた。これは旧白州町が公開しなかったデータである。この報告書には 1995 年度から 2007 年度までの各年度における地下水協議会加盟 5 社の採取量合計値と,4 本の観測井(位置は図 6-2 参照)の地下水位が示されている[11]。まず,前者について検討すると(図 6-3),特に 1995 年度から 1999 年度までに,採取量が著しく増加していることが分かり,これ以降も微増傾向にある。採取量の企業別内訳は明らかにされていない。

　次に,後者について検討すると,サントリー白州工場に近い 1 号井で,北杜市発足後の 2005 年度と 2006 年度に水位の低下があったことがわかる(図 6-4)。ボーリング会社の分析によれば,「1 号井の 1 週間の水位変化を見ると,土曜日と日曜日に水位が回復することから,水位降下の要因は,観測井周辺の他の井戸からの一時的な揚水が影響したと推測できる」。また,1 号井では 2007 年度に水位の増加が見られたことから,「水位は回復傾向にあるが,

図6-4 1号井の地下水位

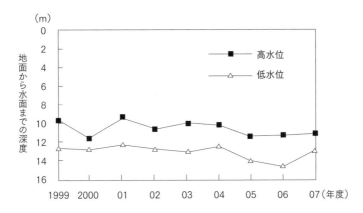

図6-5 2号井の地下水位

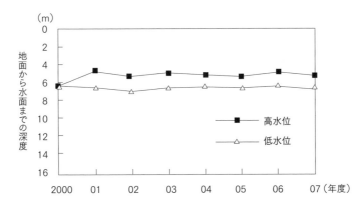

2004年度の水準には回復していない」ということである。その他の観測井では、経年的な水位の低下傾向は見られない（図6-5～図6-7）。

　また、気象データとあわせ、同社が分析したところ、「山地の雪は3月下旬から5月下旬にかけて溶け、このため各観測井の地下水位も5月から6月にかけて上昇するものの、夏季に清涼飲料水などの需要が大きくなるため、6月から8月にかけて採取量のピークを迎え、2月に採取量は最小となる」

図6-6　3号井の地下水位

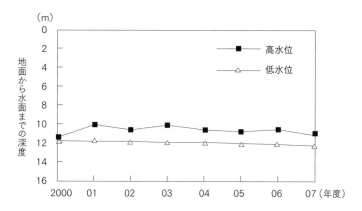

図6-7　4号井の地下水位

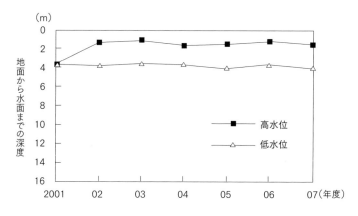

という結果が得られた。

　聞取り調査によれば，地下水の水質について，サントリー・シャトレーゼ・白州豆腐・山梨銘醸のいずれも，「変化は見られない」と答えている。地下水位については，山梨銘醸のみが，「大手食品企業が進出してから，自社敷地内の井戸の水位が低下した」と答えているものの，サントリー・シャトレーゼ・白州豆腐は，「操業開始以降，大きな変化は見られない」と答えている。

5. 地下水利用の政治的・経済的背景

　前節で検討したように，1号井周辺において企業活動に伴う地下水位低下の可能性が示唆されるものの，現在のところ白州町内では地下水枯渇などの問題は発生しておらず[12]，規制を求める住民運動などは見られない。ただし前述のように，町議会における一般質問からは，町内に水関連企業が集積することへの町民の懸念がうかがえる。また，「『このペースで地下水を汲み上げていったら将来は…』という危惧は，みんな心の中にある」[13]とする声も聞かれる。

　ここでは，①なぜ白州町議会において，企業による地下水採取に対する懸念が議会全体に広がらなかったのか，②なぜ白州町の行政は企業に対する地下水採取規制に消極的であったのか，の2点について，あらためてローカルな政治・経済の観点から考えたい。

(1) 白州町議会の構成

　まず①について，1990年第1回から2004年第2回までの白州町議会定例会一般質問において，地下水に関する質問の回数は20に上った。このうち無所属の1人（7回），公明党の1人（5回），共産党の1人（3回）による質問回数が4分の3を占めた（表6–2参照）。

　白州町議会の議員定数は1992年の町議会議員選挙以降は14，それ以前は16であったが，公明党の1議席を除いた議席をすべて無所属議員が占めていた。さらに，1996年の選挙で共産党も初めて1議席を獲得したものの，公明党と共産党はそれぞれ2議席以上を有したことがなかった。無投票の場合は選挙公報が発行されないため，『広報はくしゅう』に掲載された選挙直後の各議員の紹介と抱負を検討する限り，無所属議員はすべて保守系と推測できる。

　町議会議員は町内の特定の区に偏ることなく，おおむね全ての区に分布していた。歴代議員の多くは区長を務めた経験を有し2期で勇退している。白州町は1976年に，山梨県の「新しい村づくり」事業実施市町村に選定され，

その一環として各区に農事組合である「農林業振興会」が設置された。この振興会は区から町へ，町から県へ住民の要望を上げる役割を果たし，町は各振興会に財政的補助を行ってきた[14]。このため，白州町では各区長と町の行政との関係は非常に強いと推察される。

一方，町長については，1987年の町長選挙で町の総務課長や町議会議長を務めた井上善仁氏が，1989年の選挙では町の教育長を務めた堀内知幸氏が，1992年の選挙では町の企画課長・総務課長・収入役を務めた伊藤好彦氏がいずれも無投票で当選した。『広報はくしゅう』に掲載された選挙直後の各町長の抱負を検討する限り，彼らはいずれも保守系の政治的立場にあり，井上町長は「過疎からの脱却」，堀内町長は「公害をもたらさない企業の誘致」・「滞在型リゾート地域の育成」，伊藤町長は「農工団地への企業誘致」などを政策の柱とした。

地下水に関する質問回数の最も多い無所属議員の1人は，東京の大学を卒業して白州町に戻り，1988年の町議会議員選挙に37歳で初当選し，町が2004年に合併するまで再選を重ねており，他の多くの無所属議員と異なる経歴を持つ[15]。地下水に関する質問回数の多い3議員は地下水以外の問題でも，町政のさらなる情報公開を求めるなど，町長に批判的な立場をとることが多かった。

白州町では，歴代町長が行政に精通し，多くの町議会議員も町長を通じて，あるいは元区長としての経歴を通じて，町の行政ととりわけ強いかかわりを持っていたと推察される。これに対し，水関連企業による地下水採取を問題とする議員は，町議会での少数派に位置づけられ，こうした議員たちの問題意識は，町議会全体には浸透しなかったと考えられる。

(2) 白州町の企業誘致

次に②について検討すると，前述のように白州町の歴代町長は，人口定着策としての企業誘致に積極的であった。白州町議会も1981年に，「企業の受入調査特別委員会」を設置し，JA熊本果連熊本工場や東京都中野区にあった泉食品の工場見学を行い，誘致を実現させた[16]。

また，白州町議会では1980年代前半から，地下水をめぐる議論が活発化

する前の1990年代前半まで，企業誘致に関する質問が無所属議員によって活発に行われた。1984年第1回定例会の一般質問では，「白州町でも水を加工生産する工場を誘致しては」という声が初めて上がり，町長も前向きな姿勢を見せた。以降，白州町は食品工業を中心に誘致を図り，後にシャトレーゼが進出することになる前沢工業団地の用地を1986年に確保し，1990年代に3カ所の工業・農工団地を完成させた。

しかし，企業誘致には困難も多く，たとえば1988年の白州町議会第2回定例会において町長は，シャトレーゼの誘致に関し，「ほぼ決定」と述べたものの，その後の経済状況の変化もあり，1995年の進出までに多くの時間を要した。また，台ヶ原農工団地では1993年に，高級屋根材を製造する企業が工場を建設する予定であったが，研究棟のみが建設され，小規模な進出にとどまった。

さらに，下教来石農工団地では，JA熊本果連の新工場と白州ヘルス飲料の他に，食品関連企業1社が進出予定であった。しかし，この企業は工場建設費用調達の不調から進出取り消しを申し出，町は1992年に受け入れを中止した。このため，同農工団地への取付け道路建設費用は3企業で折半される予定であったが，進出中止の1社分を町が負担した。その後も深刻な景気低迷の影響により，同農工団地に新たな企業は進出しなかった。白州ヘルス飲料についても，1992年の白州町議会第2回定例会において進出計画が示されていたものの，実際に進出した1998年まで時間を要した。こうした経緯から白州町の行政は，ようやく進出した企業に対し，直ちに規制を行うことを避けたと考えられる。

（3）水関連企業と観光

サントリー・シャトレーゼ・山梨銘醸は，工場見学客を受け入れている。山梨銘醸は酒造りを行う12月から2月までの受け入れとともに，直売店を工場敷地内に設けており，聞取り調査によれば，2007年度の直売店来客数は約5万人に上った。サントリー白州工場では，ウィスキー工場と水専用工場が見学可能であり（清水2008），ウィスキー博物館も併設されている。ウィスキー工場は工場開設時より，水専用工場は2000年より見学客を受け

写真 6-5　サントリー白州工場の見学客入口

見学客は左側の窓口で手続きをする。
右側の建物ではウイスキーなどが販売されている。
大型バスも乗入れ可能な大きな駐車場がある。
2016 年 5 月 1 日著者撮影。

入れ，その数は年間 20 万人に達する（写真 6-5）。シャトレーゼも操業開始時より工場見学客を受け入れており，その数は年間 10 万人に上るものの，ここ 5 年ほどの見学客数の推移は横ばいであるという。

　白州町の行政は，観光客数などを調査していないものの，観光入込客数に占める見学客の割合は大きい（図 6-8）。1984 年に当時の環境庁が，「名水百選」選定事業を始め，白州町では尾白川が 1985 年に選定されたものの，当時の雑誌記事に尾白川や白州町が取り上げられることはほとんどなかった[17]。白州町は 1992 年の伊藤町長就任以降，いわゆる「ふるさと創生」資金を活用しながら研修・宿泊施設とレストランなどからなる「名水公園」の開設を中心とした滞在型観光地化を進めたが，1996 年の名水公園開設後，一時期増加した宿泊客数はその後減少した（図 6-8 参照）。

　工場見学客が立ち寄れる場所を白州町内に設けることは，町の以前からの課題であったが，白州町は 2001 年に観光案内所と農産物直売所の役割を兼ねた「道の駅はくしゅう」を開設した（写真 6-6）。これにより 2001 年以降，日帰り客数の割合が大きく増えた。道の駅には町長の発案で水くみ場が設け

図6-8 白州町の観光入込客数

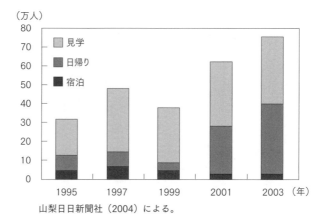

山梨日日新聞社（2004）による。

写真6-6 道の駅はくしゅう

白州町の中心部に位置し，国道20号線（甲州街道）に面する。
旧白州町役場や白州診療所，図書館にも近い。
背後に南アルプスの山々がひかえる。
大きな駐車場を備える。
2016年5月1日著者撮影。

写真 6-7　道の駅はくしゅう前の水くみ場

水をくむ人が絶えない。
写真の右側には水あそびができる場もある。
2015 年 5 月 1 日著者撮影。

写真 6-8　道の駅はくしゅうに隣接するスーパー

道の駅はくしゅうの敷地内には，地元資本によって開設された
スーパー「エブリ」が立地する。
2016 年 5 月 1 日著者撮影。

写真 6-9　道の駅はくしゅうの敷地内で営業するかき氷店

スーパー「エブリ」の前に出店しているかき氷店。
名水を使用していることをうたっている。
2016年5月1日著者撮影。

られ，来場者の半分が水を汲んでいるとされる[18]（写真 6-7）。

　また，1991年に発売開始されたサントリー「南アルプスの天然水」のラベルには，2003年の多採水地化に伴い，商品名が「サントリー天然水　南アルプス」に変更されるまで，「甲斐駒ケ岳・白州」と明記されていた。名水百選選定に伴う観光への効果が小さかったのに対し，ミネラルウォーター製品の1本1本は，工場見学客数の安定した推移からも，白州町の知名度を高めるのにある程度の役割を果たしていたといえる。北杜市への聞取り調査においても，水関連企業の進出に伴う効果として，白州町の知名度が上がったことが挙げられている（写真 6-8，写真 6-9）。

6. まとめ——町外企業が左右する白州町の地下水のゆくえ

　人口減少に悩む白州町は1980年代以降，食品工業を中心とした企業誘致を推進し，その結果，水関連企業の集積が進んだ。しかし1990年代半ば以降，白州町議会では一部の議員が，企業に対する地下水採取規制を求めた。

これに対し白州町の行政は，規制に一貫して消極的であった。
　その要因をローカルな政治・経済の観点から考察すると，白州町は人口定着のために企業誘致を行ってきたものの，1990年代における企業誘致は時間と困難を要した。このため，白州町の行政は新たに進出した数少ない企業に対し，進出後すぐに規制を行うことを回避したと考えられる。
　また，30年以上にわたり白州町の水関連企業を代表してきたサントリーについても，同社が工場見学客を受け入れるなど白州町の観光に寄与してきたこと，広大な工場敷地に伴う多額の固定資産税を納め，町の財政に寄与してきたこと，そしてミネラルウォーター製品の1本1本が，「白州」という地名を消費者に認知させるものであったことから，製品の生産を左右する強い規制を回避したと考えられる。
　一方，企業への地下水採取規制を求める町議会議員は公明党・共産党などに属し，町議会においてごく少数であった。大多数を占める保守系無所属議員が企業誘致を中心とする歴代町長の政策を支持する中で，少数の議員による地下水採取規制の声は広がらなかった。
　町議会においてしばしば言及された町民の不安に対しては，地下水協議会が設置された。地下水観測が始まった1999年度から北杜市が発足した2004年度まで，各観測井の地下水位に大きな変化は見られなかった。ただし，地下水採取量が急激に増加した1995年度から1999年度までの地下水位は不明であり，この時期に地下水位の急激な低下が起きていた可能性がある。
　北杜市発足後に公表されたデータによれば，北杜市発足後の一時期に，4本の観測井のうち1本で地下水位の低下がみられ，このことと井戸周辺での企業活動との関連が示唆された。地下水協議会発足後も地下水採取量は増加し続けたことから，地下水協議会が企業に対し，採取規制を働きかけてこなかったことは明らかである。2005年度における地下水採取量の増加と地下水位の低下，そして地下水協議会の姿勢は無関係でないといい得る。
　ところで，2004年の町村合併により発足した北杜市では，旧高根町出身の市長が，水関連企業から法定外目的税を徴収する「ミネラルウォーター税」構想を推進した。これは実現しなかったものの，同構想をめぐる2007年の議論では，地下水の「採取抑制に効果的な条例見直し等についても検討

していくことが重要である」とされた[19]。

このように，北杜市発足以降，行政の水関連企業に対する姿勢には変化が見られる。これは8町村の合併によって，旧白州町出身議員の発言力が小さくなったことも関わっているのではないであろうか。2009年5月現在の北杜市議会（定数22）において，旧白州町出身議員は1人にすぎない。

ただし，いくらローカルな政治が水関連企業に対し発言力を強めたとしても，大企業ほど地下水の多採取地化を進めており，採取地の自然状況あるいは政治状況が変化すれば，別の採取地に生産の比重を移すことも可能となっている。サントリーの白州工場もその例にもれない。

地下水の保全に対する姿勢について，サントリーは地下水涵養につながるとされる工場内の森林保護をインターネットなどでさかんにPRする一方，2010年に白州工場のミネラルウォーター製品生産設備を増強した[20]。白州豆腐も聞取り調査において，地下水を「むしろ，まだまだ汲み上げて使いたい」と語っていた。

こうした姿勢は，白州町の水関連企業のほとんどが本社を町外に置く企業であり，このため白州町の商工会に加盟しないなど，町とのかかわりが表面的であったことにもよるのではないであろうか。白州町ではこうした企業行動だけでなく，ローカルな政治・経済的背景も重なり，その結果，大規模な地下水採取が行われていると結論づけられるのである。

1　日本ミネラルウォーター協会ホームページ（http://minekyo.net/index.php?id=5，最終閲覧日：2009年5月27日）によれば，2007年の全国総生産量の39.8％を占めた。
2　北杜市は2004年の，北巨摩郡白州町・長坂町・高根町・須玉町・武川村・大泉村・明野村の合併により発足し，さらに2006年に小淵沢町と合併し現在に至る。以下本章では，特に断りのない限り，合併前の旧白州町を「白州町」と表記する。
3　JA熊本果連は厳密に言えば企業ではないが，本章では便宜上，「水関連企業」の一つとみなす。
4　各年度版『国税庁統計年報書』による。
5　『大宅壮一文庫雑誌記事索引』による。
6　首位のサントリーが21％，第2位の白州ヘルス飲料が16％のシェアを占めた。2003年8月2日付『朝日新聞』日曜版による。

7 1999年5月8日付『朝日新聞』夕刊による。
8 そもそも国の工業用水法など，現行の法規制にも，地下水の許容揚水量を定めてその枠内で地下水の汲み上げを総合的に規制していくという方針は全く示されていない（地下水を守る会1993）。
9 2002年11月17日付『朝日新聞』山梨版朝刊による。
10 ただし，聞取り調査では地元出身者の割合などは明らかにされなかった。
11 4本の観測井の観測開始時期は，1号井が1999年8月，2・3号井が2001年1月，4号井が2002年2月であり，2008年3月までが観測期間である。また4本の観測井と地下水協議会加盟企業の井戸との距離は，近いもので450mほどである。
12 北杜市・白州豆腐・道の駅はくしゅう駅長への聞取り調査による。
13 道の駅はくしゅう駅長への聞取り調査による。
14 道の駅はくしゅう駅長への聞取り調査による。同駅長は元白州町産業課長であり，農林業振興会の設置に携わった。
15 元白州町議会議員への聞取り調査による。他の元町議会議員にも聞取り調査を試みたが，協力が得られなかった。
16 白州町は町内の各区に回覧板を回し，泉食品での勤務希望者を中野区の工場へ見学に送るなどの取り組みを行ったという（白州豆腐への聞取り調査による）。
17 『大宅壮一文庫雑誌記事索引』による。
18 2005年6月27日付『山梨日日新聞』による。
19 北杜市公式ホームページによる（http://www.city.hokuto.yamanashi.jp/hokuto_wdm/html/secret-policy/images/78812120478.pdf　最終閲覧日：2009年5月27日）。
20 サントリー公式ホームページによる（http://www.suntory.co.jp/news/2008/10286.html　最終閲覧日：2009年5月27日）。

第7章

40年にわたる郊外の女性運動からみえる市政と「ジェンダー」
——旧田無市・保谷市の「どんぐり会」

1. 女性のエンパワーメントと郊外

　日本では，1999年の男女共同参画社会基本法の成立や，2000年の介護保険法の施行など，性別役割分業の解消を目指す制度の整備が進んできた。その背景には，1970年代以降のグローバルなフェミニズム運動の影響を受けた，女性を議会に送り込むローカルな運動の全国的な展開があったとされる（進藤2004）。1999年の統一地方選挙では，女性議員数の割合が1995年同選挙の4.3%から6.2%へと増加し，それまでの増加率を大きく上回った。これは，女性が自らの価値と利益を意思決定の場へ組み入れようとする，「女性のエンパワーメント」と呼ばれ，男性中心的な政治や性別役割分業是正のための重要な方法の一つである（矢澤1999）。

　進藤（2004）は，こうしたローカルな政治文化の変革とナショナルな制度の変革が，男女共同参画社会を実現するために表裏一体のものであるとする。ただし，「それぞれの地域で展開している女性の政治参画は，地域固有の政治文化の中で展開するために，その掲げる政策課題や政治の様式などの点で，必ずしも同一ではない」とも論じている。これは，女性のエンパワーメントをめぐるローカルな政治のありようが，自治体の政治やそれぞれの地域の特性のために多様となることを意味する。そして，ここに地理学がローカルな女性運動を検討する意義を見出すことができる。とくにローカルな女性運動は一般に大都市郊外で活発であるとされ，郊外の地域的特性とローカ

ルな女性運動とのかかわりや，そうした特性の中で展開されるローカルな政治に対して女性の果たした役割を見出すことは意義がある。

地理学では，影山（2000）が，神奈川県横浜市の港北ニュータウンにおいて，女性が居住空間の問題に主体的に取り組む一つの手段として，問題改善型と環境保護型の地域活動をジェンダー的制約の中で展開していることを明らかにした。ただし影山は，居住空間の形成過程の一部を担うローカルな政治と地域活動とのかかわりや，女性の地域活動が実際に居住空間をどのように変えているかということについては考察していない。この研究に代表されるフェミニスト地理学と呼ばれる分野では，空間のジェンダー化やジェンダー化された空間に関する研究が主であり（吉田 2006），そうした空間を取り巻くローカルな政治に対する視点が概して乏しい。

一方社会学では，玉野（2000）が東京都品川区の女性による教育文化運動を取り上げ，1960年代以降における社会教育行政の住民参加の推進をめぐる品川区と住民の取り組みについて検討し，地方自治における地域女性運動の意義について論じている。しかし同時に，品川区が1980年代以降，再開発行政や行財政改革の推進のために，社会教育行政の住民参加を次々と縮小したことから，女性によるローカルな運動が地方自治のありようから影響を受けるということも示した。

また社会学では，夫婦の性別役割分業に基づいて夫の労働を支えてきた妻が，「生活クラブ生協」や「生活者ネットワーク」の運動に参画し，日々の生活で直面するさまざまな問題の解消を行政に働きかけたり，地域活動を展開したりしてきたことを明らかにしてきた（天野 1996；佐藤 1988；進藤 2004；渡辺 2002）。ただし，そうした研究は生活クラブ生協に関するものにとどまっていることも指摘されている（玉野 2000）。

ところで，東京都の旧田無市・保谷市（現，西東京市）では，1957年から1996年まで，「どんぐり会」という主婦の会が存在した。どんぐり会は，市議会の傍聴や市役所などでの取材に基づいて，機関紙『田無・保谷どんぐり』（以下，『どんぐり』）を毎月発行し，生活環境改善，女性の社会的地位の向上，学校教育・社会教育の民主的運営，市政への住民参加の推進など，さまざまな問題について発言し続けた。また，両市議会に対し，数多くの公

写真7-1　どんぐり会の機関紙『どんぐり』

集冊版を複写したもの。
右は『田無どんぐり』14号（1963年10月25日）の第1面。
　（「アルバイト　プレゼント　リベート　教師PTA役員の反省を！
　　先生への感謝は本筋で」）
左は『田無・保谷どんぐり』290号（1986年10月25日）の第1面。
　（「市民参加の建設検討委員会に思う
　　柳沢図書館・公民館開館を前にして」）
2016年4月25日著者撮影。

開質問書・請願の提出や住民監査請求を行い，両市政を監視し続けた（写真7-1）。

　そこで第7章は，このどんぐり会を取り上げ，同会の発展と解散の要因を，大都市郊外の地域的特性とのかかわりから明らかにする。そのために，409号にわたる『どんぐり』の記事を読み解く。『どんぐり』は，会の運動の中心的存在であった数人の編集部員と代表による徹底的な議論に基づいて編集された機関紙である。またこの機関紙は，会の運動と両市の政治過程とのかかわりを女性の視点から30年以上にわたり記録し続けた貴重な資料である。

　こうした分析を補うために，30年あまりの会員歴から副代表的な存在であった元会員の1人に聞取り調査を行った。さらに，両市役所の職員や市議会議員がどんぐり会の運動や『どんぐり』をどのように評価していたのかということの一端を明らかにするため，どんぐり会の運動をよく知る田無市・保谷市役所の元職員1人ずつと，元田無市議会議員の1人に聞取り調査を

行った。

2. どんぐり会の運動の展開

(1) どんぐり会の結成

　第二次大戦中，東京都の多摩地域には軍需工場が数多く進出し，そのうちの中島飛行機社や，かつての住宅営団が当時の田無町・保谷町内に数多くの住宅を建設した（橋本 2003）。これらの住宅には全国から労働者とその家族が移り住んだ。戦後まもなく，田無町の旧社宅の一つである柳沢住宅では，柳沢住宅睦会（以下，睦会）という自治会が発足した。睦会は，「新住民からなり，戦前以来の町内会とは異なる新しいタイプの自治会」といわれ，農地改革に伴い発生した共有地の売却益の使途を会員による投票で決め，1955年に自営水道を完成させるなど，柳沢住宅の諸問題の解消に積極的に取り組んだ（田無市史編さん委員会 1995）（写真 7-2，写真 7-3，写真 7-4）。

写真 7-2　柳沢住宅の位置と区画

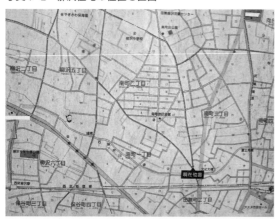

西東京市内の案内板を撮影したもの。上が南を示す。
中央の「南町二丁目」付近の整然と区画された場所が柳沢住宅。
下部を西武鉄道新宿線が東西に走り，田無駅は右下に位置する。
田無駅より柳沢住宅までは徒歩で 10 分ほどである。
2016 年 4 月 25 日著者撮影。

写真 7-3　柳沢住宅の緑地帯

柳沢住宅内の5か所には緑地帯が設けられている。
ごみ籠の右に立つ看板には，
「ここは班で管理しています　指定以外のゴミは捨てないで下さい　迷惑なのでルールを守って捨てましょう　柳沢住宅睦会」とあり，
柳沢住宅睦会が今も活動を続けていることがわかる。
2016年4月25日著者撮影。

写真 7-4
柳沢住宅に隣接する商店街

そば屋，酒屋，クリーニング屋，豆腐屋，
銭湯，郵便局などが営業中である。
　　　2016年4月25日著者撮影。

一方，田無町では，第二次大戦後まもなく，東京都の呼びかけにより，10ほどの婦人会が結成され，柳沢住宅でも，「柳沢婦人クラブ」という婦人会が結成された。同クラブは，女性の社会的地位の向上という目的を掲げながら，他の婦人会とともに，井戸水の水質検査や都市ガス誘致運動などを行った。しかし，同クラブは，会員の自主性の不足から，家事・育児の忙しさといった問題を乗り越えることができず，1955年に解散した（田無市史編さん委員会1992）。

　睦会や柳沢婦人クラブの活動を経験した，30歳代を中心とする10人の主婦は，「上・下水道もない。学校，保育園も足りない。道路はぬかるみ。ごみ，し尿の捨て場もない。私たち主婦は座っているわけにはいかなかった」（『どんぐり』409号，1996年）[1]，「自分たちで学び，少しでも社会の役にたつ活動をする真に自主的な婦人会をつくろう」（84号，1969年）と，1957年に「どんぐり会」を結成した。

　どんぐり会は，「平和と民主主義─基本的人権の確立，女性を抑圧するあらゆる権威の否定，地域民主化，自治体改革」を活動の基礎と決め，結成5年目までに田無町の屎尿処理場建設に関する1,000通の住民アンケート調査を行ったり，原水爆禁止運動や「安保闘争」のデモに参加したりした。そして，安保闘争の顛末からどんぐり会は，「政治の仕組，やり方をより民主々（ママ）義的なものにかえていく」（田無市史編さん委員会1992）ことを決意し，「婦人たちのねがいや，婦人グループの動きを伝える」（1号，1962年）ため，それまで不定期に発行していたビラにかわり，1962年に機関紙『田無どんぐり』を発刊した。

(2) 都市化の中でのどんぐり会

　どんぐり会結成当時，田無町の人口は急激に増加し始めていた（第1章の図1–2参照）。同時に，1950年から1965年までに，田無町の農業人口の割合は20.8％から2.5％へ，保谷町のそれは30.2％から2.8％へと激減した。かわりに，田無町では事務従事者の割合が13.7％から23.5％へ，保谷町では15.7％から24.5％へと大きく増えた。その結果，1965年には，田無町に常住する通勤・通学者の46.8％，保谷町の55.4％が東京都区部を通勤・

通学先とした[2]。

　こうした都市化の中で、『どんぐり』1号は、どんぐり会が、「屎尿処理場早期建設についての公開質問書」と、「田無町議会議員選挙の選挙公報発行条例の制定を求める請願書」を田無町議会に提出したことを伝えた（表7-1）。その後、前者についてどんぐり会は、田無町の旧社宅・都営住宅の住民に呼びかけ、「町政について話しあう集い」と題した座談会を企画した（13号、1963年）。

　座談会では、18人の主婦が、屎尿の汲み取り回数が少ないことや料金が高いこと、上水道計画における使用料が高いことなどの不満を述べ、参加した3人の町議会議員がこれに回答した。どんぐり会はこの問題を繰り返し取り上げ（14号、1963年；18号・19号、1964年）、その結果、屎尿処理場建設は1965年に実現した。

　後者は、主婦たちがしがらみを排し正しく投票できるようにするためであり（8号、1963年）、町議会議員に対しアンケートを行う（6号、1963年）などの運動を展開した結果、1963年に実現した。

　また、どんぐり会は、「平和な世の中を作ることこそ、子供を幸せにし、婦人たちの諸問題を解決していく基礎である」（田無市史編さん委員会1992）と考え、田無町長と町議会議員全員に対し原水爆禁止運動についてのアンケートを行ったり（16号、1964年）、ベトナム戦争ハノイ攻撃に際し、米国大統領に抗議声明を送ったりした（46号、1966年）。さらに、第二次大戦体験記の寄稿を連載するなど（70号～76号、1969年）、平和運動も活発に展開した。

　一方で、どんぐり会は、「働く婦人の座談会」（6号、1963年）を企画し、働く女性が家事・育児と仕事の両立に伴う悩みについて話し合う機会を設けた。参加者は総じて、「保育所、学童・少年のための社会施設（あそび場）が切実な望み」、「家事の負担はまだまだ女一人に負わされている」と語った。

　また、「主婦の座談会」（12号、1963年）では、妻の置かれている立場について話し合う機会を設けた。参加者は、夫の経済力に依存した妻の立場の弱さから、「まず自分を一人の人間として自覚すること、また、ここから、お互い婦人同志（ママ）の手をつなぐことの意味」を確認し、「少しでも行動がなけ

表 7-1 どんぐり会の運動

年	月	号	対象	記事	見出し	運動 どんぐり会	他団体を支援
1962	9	1	田無		屎尿処理場について　どんぐり会で公開質問書	公開質問	
			田無		選挙公報を発行してください　町会議員の選挙にも	請願	
	10	2	田無		教育問題研究会の動き―公開質問書・陳情（学力テスト問題）	公開質問	
	11	3	田無		恐怖の一週間　キューバをめぐって　田無平和の会も	電報	
1963	2	6		座談会	「働く婦人の座談会」		
			田無		田無平和の会ふたたび国連へ請願		請願
			田無		大詰めにきた選挙公報―どんぐり会で議員にアンケート―	アンケート	
	3	7	田無		"これは選挙違反ではないでしょうか"　警察署長に質問書	公開質問	
	8	12		座談会	「主婦の座談会」		
	9	13	田無	座談会	「町政について話し合う集い」		
1964	2	16	田無		原水禁問題で理事者と全議員にアンケート	アンケート	
	10	25	田無		公民館運営審議委員　婦人代表を二名に　婦人団体で請願書出す	請願	
1965	2	29		座談会	「憂うべき教育」		
	9	36	田無		わかば学級へ集る支持　新校舎建設請願へ 8,432 名		請願
	10	37	田無		合併問題　どんぐり会で公開質問書　二町の全議員・理事者に	公開質問	
1966	1	40	田無		教育予算をふやして豊かな教育を―地区協が要請書提出		要請
			田無	特集	「PTA 勉強室」（全 11 回, 51 号まで）		
	2	41	田無		教育長に公開質問書―教育研究会の動き―		公開質問
	7	46	田無		寄附問題　どんぐり会で公開質問書　町教委と都小尾教育長に	公開質問	
			田無		ハノイ・ハイフォン攻撃に抗議―どんぐり会で―	抗議	
	12	51	田無		議員定数をふやさないで―どんぐり会で請願―	請願	
1967	3	54	田無	特集	「市になって」（全 16 回, 69 号まで）		
	9	60		座談会	「主婦たちの座談会」		
	10	61	田無		どんぐり会公開質問書提出（田無三中徴収金問題）	公開質問	
	12	63	田無		「学校周辺の環境整備」請願をめぐって		請願
1968	7	70	田無	特集	寄稿「戦争体験記」（76 号まで）		
1969	6	81	田無	特集	「福祉シリーズ」（全 12 回, 92 号まで）		
	8	83	国	座談会	「審議抜きの異状国会」		
1970	5	92	田無保谷		いまからでも遅くない　ギャンブル政治はやめよ	公開質問	
	6	93	田無保谷	座談会	ギャンブル問題座談会		
	8	95	田無		「ギャンブル反対の請願」　総務委員会で不採択		請願
1971	3	102	保谷		ギャンブル反対の議員が 16 名　反対する市民の会公開質問状		公開質問
	5	104	田無		パッとしない投票率　目立った自民共産の伸び（田無市議選）	元会員の当選	
	9	108	田無保谷	座談会	「私たちの活動と地方自治」		
1972	2	113	保谷		条例改正直接請求はじまる　日本一高い職員の退職金	直接請求	
	4	115	国		「知る権利」侵害に抗議する　どんぐり会　佐藤首相あて	抗議	
1973	1	124	田無		衆院定数是正の訴訟		訴訟
	3	126	田無		日当り条例　直接請求運動		直接請求
	6	129	田無		「公民館をつくってください」　市民から請願 2 つ		請願
1974	2	137	田無		住民監査請求　「インフレ手当」支出手続き不当と	住民監査	

年	月	号	地域	内容		分類
1975	10	157	田無	土地買収に住民監査請求　市民無視の不当・違法が問題		住民監査
1976	3	162	田無	市長に損害賠償請求　「水道工事止められたため」と市民が		訴訟
	4	163	田無	公民館人事で住民団体質問　木で鼻くくる市教委回答		公開質問
	9	168	田無	「環境予測調査」に　2・2・4反対協が公開質問		公開質問
	12	171	田無	「市民にわかる予算書を」　どんぐり会で質問と意見		公開質問
1977	4	175	保谷	公開質問　教育委員選任問題で		公開質問
1978	9	193	田無	市有地売払いについて―どんぐり会で意見書提出		意見書
	11	195	田無	「図書館・公民館併設を」　西部地域住民が請願		請願
	11	声明	田無	（市長・議会に「倫理の回復」を要求）		声明
1979	3	199	田無	住民監査請求2つでる　「認諾」と市有地売買で		住民監査
1981	1	221	田無	市庁舎建設計画について　どんぐり会で請願提出		請願
	10	230	田無	映画「水俣の図・物語」多くの人にみてもらいたい		協賛
1985	5	273	保谷	憲法・反核・平和の連帯　まちをこえて市民の手づくり集会		呼びかけ
	10	278	田無	「市民の会」末木市長に陳情　自転車置場署名約12000名		陳情
1986	5	285	田無	住民監査請求出る　ゆくえ見守る市民の目		住民監査
1987	7	299	田無	市民団体「社教委選出会」一方的な市教委に強い不信感		質問書
	8	300	田無保谷	座談会	「私たちの活動と地方自治」	
1988	12	316	田無	公開質問書市長へ提出　議会特別委での発言に関して		公開質問
1989	2	318	田無	末木市長に意見書　市役所前の市有地問題で		意見書
1992	4	356	保谷	「リサイクル条例」直接請求　多様な市民と市職組が協力		直接請求
	8	360	田無	「市民のリサイクル条例」請願に　市長が9月議会に「清掃条例」提出で		請願
1993	10	374	田無	市政調査研究費で監査請求　「市長と議員のお手盛りでは」		住民監査
1995	8	396	田無	中・仏核実験に反対し　「市民の会」が抗議文		抗議

『どんぐり』により作成。

れば世の中はよくならない」（24号，1964年）と，女性の社会活動への参加を呼びかけた。

　そうした社会活動の出発点として，どんぐり会がとらえていたのがPTA活動であった。どんぐり会結成当初，会員の多くは主婦であり，小・中学生の母親でもあったため，PTA活動にも積極的に参加した。当時，田無町の公立学校PTAの多くは，会費とは別の「賛助会費」を寄付金のように募り，それを学校の備品を揃えるための「学校後援費」として支出していた。どんぐり会は，「学校はPTAと協力しながら学校予算の増額を町や都に要求するのが筋である」と主張し（57号，1967年），その結果，2校のPTAが賛助会費を廃止した（52号・57号，1967年）。

また，どんぐり会は，田無町立田無第三中学校が，卒業アルバムや教師への記念品代などから成る，多額の「卒業対策費」を徴収していることを問題とした（33号，1965年；59号，1967年）。どんぐり会は，田無三中PTA理事会で，どんぐり会会員である理事2名を除名されながらも，東京都教育庁にこの問題を報告した。その結果，「田無三中の学校徴収金は検討を要する」とみなす同庁の文書による見解と（63号，1967年），田無市教育長による田無三中への指導が実現した。

　こうした運動の他に，どんぐり会などの女性団体は，田無町公民館運営審議会（以下，公運審）[3]の「婦人団体代表委員」の選出方法について，「女性団体が選挙で選んだ人を教育委員会が委嘱する」よう求めた。これは1960年に実現し，委嘱された公運審委員は，年2回の報告会を開催することを義務づけられた（228号，1981年）。その後，この委嘱方法は，女性団体だけでなく他の活動団体でも採用され，1969年からは，田無市社会教育委員も公運審委員と同様の方法で委嘱された（298号，1987年）。この方式は，「田無方式」と呼ばれ，多摩地域の自治体関係者に注目されたという（228号，1981年）。

　田無町公民館では，1960年に「婦人学級」が開設され，1965年度から6年間は，田無市当局が学級運営を干渉せず，3か月間・全20回の婦人学級を参加者が自主的に企画・運営した。婦人学級修了後も，参加者は自主グループを作り，引き続き学習を続けた（63号，1967年）。

　とくに，PTA問題のコースでは，「新しく田無に転入した人が多く，自立志向も強かった」参加者が，「PTAとは何か，それをみんなのものにするためにはどうすればよいか，に立ち返って」議論した（405号，1996年）。またどんぐり会は，「PTA勉強室」という特集を11回にわたって連載し（40号〜51号，1966年），婦人学級で学んだことを読者と共有しながら前述の運動を展開した。

　一方，保谷市の小学校PTA改革運動に取り組んでいた母親たちが，田無市公民館のPTA講座に参加したことをきっかけとして（241号，1982年），どんぐり会は1969年の『どんぐり』85号から『田無・保谷どんぐり』と改題し，保谷市の取材も始めた。

その他に，どんぐり会は，田無町立田無小学校の身障者学級校舎新設をめぐり，PTAなどとともに，町議会への請願のための署名活動を行った（36号，1965年）。校舎新設は実現しなかったものの，身障児の父母と健常児の母親が，PTAにおいて教育や差別について考えあうきっかけとなった（田無市史編さん委員会1995）。さらに，どんぐり会は高齢者福祉についても比較的早く取り上げ，田無市・保谷市の福祉政策の実態と問題点のリポートを12回にわたって連載した（81号，1969年〜92号，1970年）。
　このように，どんぐり会は，女性の社会活動への参加を呼びかけながら，生活環境改善，PTA・公民館運動の民主的運営の推進などの運動を展開した。こうした運動の中で，会員のまなざしは，自分の子供だけでなく，「よその子」や障害者・高齢者といった「他者」にも向けられていった。

(3) 市政への住民参加の追求

　田無市では，1967年の市制施行後まもなく，税収増加策としての公営競輪開催問題，いわゆる「ギャンブル問題」が持ち上がった。どんぐり会は，「子どもたちに賭け事はいけないと教えながら，自治体が真先きに競輪競馬では筋道が通らない」（60号，1967年）と競輪開催に反対し，市長の所属する社会党と市議会議員に対し公開質問書を（92号，1970年），また他の住民団体とともに「ギャンブル反対」請願を提出したり（95号，1970年），座談会を開催したりしたものの（93号，1970年），公営競輪は開催された。
　ギャンブル問題を通して，どんぐり会は，「（財政収入が必要ならば：引用者注）まず自治体財政の大変なことを広く住民に知らせ，その原因がどこにあるのか，それを打開するためにはどうしたらいいのか，こうした問題についての所信を住民に訴えることが市長としての基本的な態度でなければならない」（60号，1967年）と実感した。そして，「市民・議会・市長・行政機構の相互にそれぞれ活撥な意見の交流ができるようになれば，本当の自治が生れる」と考え，「市民参加」を，「たんに市民の意見を聞くということだけではなく，『市民自身が自分たちの町づくりに参加する』という自治本来の姿への志向」（108号，1971年）ととらえた。
　その後，いわゆるオイル・ショックに直面すると，どんぐり会は「私たち

は生活必需物質の確保を，石油経済からの脱却を，成長より安定の政策を真の国民福祉を，そしてこれらを保障する経済構造の転換を強く要求する国民でなければならない」(135号，1973年) と主張した。また，田無市長が「生活権優先の新しい政治が重要」[4] と述べたのに対し，どんぐり会は，「どっぷり浸かっていた経済の高度成長下の政治から，どう転換するのかを，市長・議員は具体的に市民に提示する責務」があり，「賃金・情報は市民に公開提供し，市民とともに政策の選択・計画立案をする必要がある」(148号，1975年) と主張した。

こうした社会環境の変化の中で，どんぐり会は，田無市内の新たな幹線道路建設反対運動や (131号・132号・133号・135号，1973年；138号，1974年；163号，1976年)，田無市西部の樹林保全運動を取り上げるなど (136号・140号・143号，1974年)，地域環境問題にも積極的に取り組み始めた。

一方，田無市では公民館建設過程における住民参加が大きく進められた。まず，2つの女性団体が1973年に新公民館建設を求める請願を約2,300名の署名を添えて田無市議会に提出した (143号，1974年)。どんぐり会を含む7女性団体は，市川房枝氏の仲介で当時の美濃部都知事と面会し，都の補助を引き出した。

また7団体は，保育室や住民活動のための印刷室の設置などを盛り込んだ新公民館の「概念設計図」を作り，この構想は設計士と市職員によって本設計に生かされた (395号，1995年)。新公民館建設運動の経験は，保谷市の図書館建設運動の手本となり，1976年の保谷市下保谷図書館の開設へとつながった[5]。

さらに，1982年の田無市谷戸公民館・図書館の建設に際しても，まず教育委員会が市報を通じて建設準備会への参加を市民に呼びかけた。集まった40人による議論の結果，社会教育委員2人，公運審2人，図書館協議会2人，市民12人で構成される建設委員会が設けられた。どんぐり会は，こうした過程を，他市にもあまり例を見ない，画期的なものであると評価した (228号，1981年)。

このように，「ギャンブル問題」以降，どんぐり会の運動は，市政全般に

対する意思決定過程の透明化や住民参加を求めるものへと発展した。また，どんぐり会は，田無市長・市職員・市議会議員の給与に上乗せされた「インフレ手当」の支出手続きが不当であると，住民監査を請求し，市財政に対する監視も強めた（137 号，1974 年）。こうした運動の中で，どんぐり会は自らの運動を，「住民の立場から意見を出していくのと同時に，住民相互に問題を考えるための材料を提供する役割も果たしている」（60 号，1967 年）ととらえた。

3. どんぐり会の運動の特色

　どんぐり会は，正会員と賛助会員により構成され，正会員のうち，最も多いときで 8 人，少ないときで 3 人が，『どんぐり』の企画・編集・取材を担う編集部員として活動した[6]。編集部員は，会の運動の中心的存在であった。正会員の役割は，賛助会員に『どんぐり』を配ることであり，賛助会員は購読料を払って『どんぐり』を購読した。どんぐり会は，正確な会員数を把握していなかったため，全国紙の記事によると，1979 年の会員数は，正会員 20 人と賛助会員 350 人[7]，1996 年のそれは正会員 16 人と賛助会員 482 人であった[8]。

　賛助会員の増加に伴い，『どんぐり』の発行部数は，発刊当初の 500 部から，1963 年の 6 号より 1,000 部，同年の 13 号より 2,000 部，1977 年の 175 号より 2,500 部へと増えた。月額の購読料は，発刊時が 30 円，1996 年の終刊時が 100 円であった。『どんぐり』の印刷は，賛助会員である印刷会社が担ったため，印刷経費は用紙代程度で済んだ。

　どんぐり会は，主に賛助会員からの購読料とカンパによって運営され，事業収入などは全くなかった。このため，どんぐり会の財政は常に苦しく，会員が市の社会教育委員などを務めると，その報酬をどんぐり会の運営にあてるなどした。

　『どんぐり』が発行されると，正会員はそれを両市の賛助会員に配って歩いた。この時，賛助会員に前号の感想を聞き，それを紙面に反映させることができた。また一部の賛助会員も配布を手伝い，他の住民に購読を勧めるこ

とにより，さらに会員が増加した。賛助会員は両市だけでなく全国に点在し，夫の都合で両市から転出した夫婦や，大学教員も多かった[9]。

『どんぐり』は，主に代表が政治・平和・女性・環境・世相などについて幅広く論じた「主張」（第1面），田無市の記事（第2面），保谷市の記事（第3面），読者からの寄稿・編集部員のコラム（第4面）から成る。毎月5日前後に，1回目の編集会議が開かれ，編集部員が前号配布時に聞いた反響を述べ合った後，地域で何が問題となっているかを話し合い，記事の担当を決める。15日頃，2回目の編集会議が代表宅で開かれ，原稿の下書きをする。編集長を置いていないため，代表と編集部員全員が各記事について議論する。そのため，各記事は少なくとも3回の書き直しを求められた。

会員は，「日頃はきびしく叱られることも多かった。記事を書いても直される，他の人の書いたものでも，共同責任を負わなくてはならないから。それに議会傍聴にも何日もいかなくてはならないし…」（108号，1971年），「小さい子どもを抱え家事の間に取材，調査，記事を書く事は苦しい。パートで働きながら会計をやっている人もいる」（100号，1971年）という苦労も吐露している。

どんぐり会は，会員の年齢別構成や会員歴を正確に把握していなかった。会の歴史の節目にしばしば行われた座談会の記事から，どんぐり会結成当初は，30歳代の女性が中心であり，その後，少なくとも，『どんぐり』発刊10年までは，PTAへの参加をきっかけとして入会した，30歳代から40歳代の会員が多かったと推測できる（300号，1987年）。

一方，どんぐり会結成当初の正会員は，1976年の時点で，夫の転勤や家庭の事情により，代表一人のみとなった（200号，1979年）。「どんぐり編集にかかわった会員は，これまで延べ数十人に達する。田無・保谷の流動人口を象徴するように会員の転出転入も激し」（400号，1995年）かった。元会員は，「みな夫がサラリーマンなので，夫の転勤が怖かった。編集部員は3年くらいで入れ替わっていった」という。

『どんぐり』は，会員だけでなく，田無市・保谷市役所で職員や議員にも配られた。市役所では，会員と市の管理職が長時間議論したり，職員が会員に，「市議会議員が一般質問で取り上げないから，この問題を『どんぐり』

に書いてほしい」と頼んだりすることもあった[10]。

　田無市役所では，どんぐり会の活動はおおむね支持され，管理職かそれ以外かにかかわらず，『どんぐり』はよく読まれていた[11]。田無市の管理職は，一部の市議会議員が『どんぐり』の記事をもとに，議会での一般質問を行うことがあるため，答弁対策として『どんぐり』を購読した。また，田無市の一般職員は，管理職による意思決定の動きを知るために，『どんぐり』をまわし読みしたり，ファイルしたりしていた。

　代表も，「どんぐりが支持されたのは，行政の実態に関する情報を提供し続けたから。市職員も自分たちの働いている職場の上の方で何が起きているか，なかなか伝わってこない。知りたがっているのよ」[12]と語っている。元田無市職員の一人は，「『どんぐり』が田無市の政策に及ぼした影響は部分的なものだった」と考えるが，自身は，『どんぐり』を読むことによって，「住民参加」や「情報公開」といった，政策のパラダイムの変化を知ることができた，と語る。

　田無市の職員と議員は，どんぐり会が住民の要望を最も把握していることや，『どんぐり』の影響力を認めていた。元田無市議会議員の一人も，『どんぐり』をいやいや購読していたものの，どんぐり会が市議会に緊張感を与えていたと感じていた[13]。ただし，どんぐり会は，特定の政党の支援や，会員を議員選挙に立候補させることはしなかった[14]。

4. どんぐり会の解散とその要因

(1) 田無市の社会教育行政と政治体制の変容

　前述のように，田無市では社会教育行政の住民参加が進んでいたが，1986年に，田無市議会の自民党議員4人と民社党議員1人が，「田無市内の公民館3館にそれぞれ10人ずつ置かれている公運審委員を再編し，中央公民館だけに15人を置くこと」を提案する条例改正案を市議会に提出した。提案理由は，「行革のほかに，最近，市民団体選出の委員が本来の権限の枠を超えて市教委に発言するなど，行き過ぎ行為が目立ったため」（290号，1986年）であった。

これに対し，公運審の市民団体選出委員は，「行政を監視するはずの議員が行政側に立ち，住民の公民館活動に介入している」と，声明を発表した（290 号，1986 年）。さらに公民館で活動する 66 団体が，「公民館条例改悪に反対し市民自治を守る会」を組織し，運動を展開した結果，同条例案は否決された（295 号，1987 年）。

　しかし，その数か月後，田無市教育委員会は，社会教育委員の「市民団体による自主選出会」を廃止し，「1 団体につき 1 人を推薦させ，教育長が選考する」ように制度を改正した。「田無方式」の廃止である。教育長はその理由として，市行革推進本部の諮問機関見直しの方針などを挙げた（298 号・300 号，1987 年）。

　また，田無市では，社会教育大会である「生活と文化を考える市民のつどい」が，市民による実行委員会と教育委員会の共催で，1985 年から開催されていた。第 1 回のつどいでは，延べ 300 人の参加者が，福祉・環境・教育・平和について，それぞれ分科会で議論した（271 号，1985 年）。ところが，第 3 回開催直前に教育委員会が，「実行委員会との共催は認められず，集いの開催を見送りたい」と通達した（296 号，1987 年）。

　田無市では，1980 年代以降，受益者負担や市業務の委託化の推進，市財政における民生費・教育費の割合の縮小，田無駅北口再開発事業の推進といった新自由主義的市政運営が展開された（第 1 章参照）。こうした市政運営は，共産党を除く当時の既成政党から評価され，1981 年・1985 年の市長選挙は無投票となった。

　また，1975 年・1979 年の市議会議員選挙ではともに，社会党・共産党系の 6 人が，1983 年の同選挙では自民党の 1 人を含む 9 人が，1987 年の同選挙では定数の過半数を上回る，自民党・社会党・公明党・民社党系の 14 人の立候補者が市長の推薦を得た[15]。こうした「市長推薦」は，市議会における事実上の「オール与党」体制に寄与し，現職市長への対抗馬が現れにくい状況を作り出していたといえる。

　どんぐり会は，こうした「オール与党化」を厳しく批判してきたが（223 号，1981 年；269 号・272 号，1985 年；285 号，1986 年），市長・行政と議員との距離が縮まる中で，保守・中道系議員と市の管理職がともに，市民団

体の発言を行き過ぎととらえ，社会教育行政における住民参加を縮小したと考えられる。

「田無方式」廃止後，公民館を利用する 61 団体は，従来通りの自主選出会を行い，4 人の社会教育委員候補者を選出した。これに対し，教育長による選考に応じた団体は 14 団体にとどまったが，自主選出された候補者以外の人が委嘱された（300 号，1987 年）。どんぐり会は，こうした田無市の社会教育行政の変化により，「市民活動の世代間の知恵や組織・会議運営の知識の伝承が完全に分断されてしまい，保谷市民に比べ田無市民に元気がなくなった」（369 号，1993 年）とした。

一方，保谷市では，1980 年に初めて住民団体が公運審委員を選出した（211 号，1980 年）。また，1987 年の保谷市柳沢公民館開設に際しては，前述の田無市谷戸公民館と同様に，住民参加による建設検討委員会が設けられ，これにより，「ロビーに障害者が運営する喫茶コーナーを設けたい」などの要望が実現した（262 号，1984 年；274 号，1985 年；290 号，1986 年）。

1992 年には，社会教育委員の選出方法にかつての「田無方式」が導入され（354 号，1992 年），柳沢公民館の公運審が報告会を始めた（359 号，1992 年）。保谷市民の会員は，「公運審委員の選出の方法，公民館のあり方，各々の付属機関の主体性，重要性とか，すべて田無に学んだ」と述べている（300 号，1987 年）。

保谷市では，1977 年に共産党・社会党・公明党の支持による革新市政が 8 年ぶりに発足した。これ以降の保谷市議会議員選挙（定数 26）では，1979 年に 15 人，1983 年に 13 人，公明党が与党を離脱した 1987 年には，11 人の与党候補者が当選したものの，田無市議会と対照的に，与党と野党の議員数が伯仲していた。このため，保谷市議会での予算案審議は毎年紛糾した。

しかし，どんぐり会は田無市議会を，「議会が行政のチェック機能を果たしていない」と批判する一方で，保谷市議会の状況を，「ゴタゴタを起こすが，ある程度機能を果たしている」と，深刻にはとらえていなかった[16]。むしろ，こうした政治状況の中で，保谷市の住民は，紛糾する議会を徹夜で傍聴するなど（249 号，1983 年），自らの市の政治に積極的に関わろうとした。

（2）中心的会員の高齢化とジェンダー

　その後も，どんぐり会は，公民館活動などで知り合った女性を会員に加えながら運動を続けたが，1996年の『どんぐり』409号の発行をもって解散した。結成当初から会を率いてきた代表は，解散について，「メンバーの高齢化が一番の理由。私も75歳。もう新聞を出すだけで精一杯で，活動ができなくなった」[17]と語った。

　解散時，『どんぐり』の編集・取材を担っていたのは，5人の編集部員と代表であった。当時，保谷市の記事を一人で担当していた編集部員は60歳代で，他の編集部員も，「"どんぐり"と関わり三十余年」，「はじめて"どんぐり"を知ったのは，長男が2年生の時（昭和39年頃）でした」（409号，1996年）などと記していることから，編集部員は50・60歳代が中心であったと推測できる。長年にわたり田無市での運動を率いてきた代表と，保谷市での取材を担ってきた編集部員がともに高齢化したことは，確かに解散の最大の理由である。それでは，なぜ編集部員の若返りが進まなかったのであろうか。ここで会員のジェンダー意識が問題となる。

　どんぐり会は結成当初，「妻であり母であるがゆえにもつ悩みを少しでも解決するための行動に参加しようとすれば」，家事・育児がおろそかになる，すなわち，「妻であり母である立場を充分に果せないという悩みを，家庭という場において体験する」とした。そして，これを克服するのは，「終局的には自己自身とのたたかい」（24号，1964年）であり，女性が，「社会的訓練をつみ重ね，ひとりの人間として社会に生きる十分な力量をたくわえなくてはならない」（189号，1978年）と論じた。こうした，社会活動と家事・育児との両立を目指すための「女性の努力」を促す主張は繰り返しなされた（46号，1966年；99号，1970年）。

　ただし，近年の女性のエンパワーメントをめぐる議論では女性の意識変革だけでなく，男性との対話・議論を通して男性を運動にまきこみ，性別役割運動に対する男性の意識を変えていくこと（天野1996）や，企業などの経済的意思決定に女性が参画すること（大沢2002）の重要性も指摘されている。しかし，どんぐり会は，「できるだけ男性を仲間に加えようとしたが，男性は生活の問題にまで考えが至らない」[18]などの理由から，男性を加入さ

せることができなかった。

　どんぐり会は,「経済的にも実務的にもたいして力のないあたりまえの主婦達が,自分達だけで考え,わからないことは勉強しあってやって来た」(100 号,1971 年) 会であった。代表が解散時に,「機関紙で一部百円とった以外は,すべて手弁当でやってきた。若い人に後を継げといっても,やれる人はそういないでしょう」[19] と語ったように,どんぐり会は,「手弁当,無報酬での地域活動」(400 号,1995 年) であることに強い自負を持っていた。生活クラブ生協が,ワーカーズ・コレクティブのように,女性の家事遂行能力を地域で生かしつつ,女性の経済的自立も模索してきたのに対し (佐藤 1988),どんぐり会は,結成初期を除き,経済的意思決定への女性の参画や,女性の経済力を高めるための主張をほとんどしなかった。したがって,働く女性のための諸施策,例えば保育所の整備を求める運動などを展開することもなかった。男女共同参画推進に関しても,どんぐり会は,保谷市の行動計画策定への参加や (244 号,1982 年),保谷市職員の女性管理職を増やすことを単発的に主張するにとどまった (338 号,1990 年)。どんぐり会には,性別役割分業をとらえ直すという意識が,やや薄かったといえる。

　会員は,どんぐり会の活動を,「専業主婦でないとできない」[20] と考えていた。これに対し,田無市と保谷市では 1980 年代以降,専業主婦の割合が減少し (表 7–2),都内の他市区町村で従業する女性の割合が増加した。両市では,女性就業者に事務従業者が多いことと[21],前述のように,15 歳以上の通勤・通学者の約半数が東京都区部に通勤・通学していることから,東京都区部に通勤し事務職に従事する女性が多いと推測できる。しかし,どんぐり会には働く女性を運動に取り込むという意識がやや薄かった。

　また,田無市では,1970 年の人口のうち過去 5 年以内に転入した人の割合が 44.7%,保谷市では 47.5%,1980 年の割合は田無市では 40.8%,保谷市で 38.8% に上った。とくに 1975 年から 1980 年までの両市の人口増加率は小さいため (第 1 章の図 1–2 参照),この時期の両市では人口の入れ替わりが激しかったことがわかる。「若い女性がどんぐり会の編集部員に加入しても数年で転出してしまうことが多い」という元会員の証言もこのことを裏づけている。以上から,どんぐり会の長年の運動経験が若い世代に十分に

表7-2　田無市・保谷市における25歳～75歳の女性の従業地

田無市	1980年 人	%	1985年 人	%	1990年 人	%	1995年 人	%
常住地による人口	19,642	100.0	21,527	100.0	22,938	100.0	24,274	100.0
従業・通学していない	11,487	58.5	11,852	55.1	11,765	51.3	11,934	49.2
自宅で従業	1,980	10.1	1,694	7.9	1,766	7.7	1,431	5.9
自宅外の自市で従業・通学	2,811	14.3	3,298	15.3	3,343	14.6	3,783	15.6
都内他市区町村で従業・通学	3,193	16.3	4,483	20.8	5,726	25.0	6,611	27.2

保谷市	1980年 人	%	1985年 人	%	1990年 人	%	1995年 人	%
常住地による人口	26,808	100.0	27,896	100.0	29,662	100.0	32,869	100.0
従業・通学していない	15,972	59.6	15,488	55.5	15,844	53.4	16,963	51.6
自宅で従業	2,751	10.3	2,459	8.8	2,542	8.6	2,151	6.5
自宅外の自市で従業・通学	2,532	9.4	3,064	11.0	2,872	9.7	3,408	10.4
都内他市区町村で従業・通学	5,283	19.7	6,546	23.5	7,977	26.9	9,531	29.0

『国勢調査報告』により作成。

受け継がれないまま，編集部員が高齢化したと考えられるのである。

5. まとめ──郊外の「主婦たちの運動」の成果と限界

　本章は，どんぐり会の発展と解散の要因を大都市郊外の地域的特性とのかかわりから明らかにすることを目的とした。旧田無町の柳沢住宅睦会や，柳沢婦人クラブの活動を経験した主婦たちは，都市化に伴うさまざまな問題に直面し，1957年にどんぐり会を結成した。どんぐり会は，屎尿処理場建設や義務教育の私費負担解消を求める運動などを展開する中で，地方自治や地方財政への意識を高めた。その結果，どんぐり会の運動は，市政全般への住民参加を求めるものへと発展した。どんぐり会は，生活者ネットワークのように，会員を議会に送り込むという方法ではなく，PTAや公民館で知り合った住民と連帯しながら，『どんぐり』による住民への情報提供や，両市の職員・議員との徹底的な議論を中心とした運動を展開した。

　しかし，どんぐり会は，1996年に解散のやむなきに至った。その要因として，①田無市において，1980年代以降，新自由主義的市政運営の推進に伴う市議会の「オール与党」化が進行し，その結果，社会教育行政への住民

参加が縮小したこと，②どんぐり会の運動の中心的存在である編集部員が高齢化したこと，が挙げられる．

どんぐり会では，女性の経済的意思決定への参画や，男性を運動に取り込むことへの意識がやや希薄であった．加えて，両市では夫の転勤に伴う人口流動が激しく，若い編集部員が定着しなかった．さらに，両市では1980年代以降，専業主婦の割合が減少し，女性就業者のそれが増加したものの，どんぐり会は働く女性との連帯を強めることはなかった．その結果，長年の運動経験が新しい会員に十分に受け継がれないまま編集部員が高齢化し，会の解散に至ったのである．

結成初期にこそ働く女性との連帯が顕著に見られたものの，どんぐり会の運動は，男女共同参画を目指すものとしては道半ばであったかも知れない．天野（1996）は，生活クラブ生協の運動が，「主婦の台所感覚を政治へ」という次元にとどまり，「女性の生きる世界を『私』的な領域に囲い込んできた，性別分業体制自体の変更」を追求してこなかったとしている．つまり，「生活者＝女性」という構図を積極的に疑ってこなかったということである．このことはどんぐり会にもあてはまる．

ただし，生活者ネットワーク参加者の関心が，都市基盤整備などの「生産」領域や人権問題などの「他者」をめぐる領域において低いとされるのに対し（渡辺2002），どんぐり会は，「生活」領域の問題だけでなく，あらゆる問題について40年近くにわたり発言し，田無・保谷両市政にもある程度の影響を与えた．このことは地方自治の観点から特筆すべきことである．

伊藤ほか（2005）は，新潟県巻町の原子力発電所建設をめぐる住民投票運動において，旧住民と新住民，男性と女性の運動主体の主張が融合したことを示した上で，選挙以外での住民の意見表明・議論の場である，「公共空間」の重要性を論じている．どんぐり会の運動の歴史は，両市の職員・議員との議論の歴史であり，機関紙『どんぐり』は，会員と両市の住民・職員・議員とを結びつける「公共空間」を提供する役割を果たしていたといえる．

近年ではこうした「公共空間」を担保する制度の構築を目指す「熟慮民主主義」（伊藤ほか2005）という概念や，インターネットを利用した新しい運動（町村・吉見2005）も現れ，住民運動の環境は大きく変化している．こ

うした新しい環境の中で，女性のエンパワーメントをめぐる運動がどのように展開されるのか，事例研究を重ねることは重要になると思われる。

　どんぐり会の解散から20年が経過したが，両市では2000年に合併に関する住民投票条例制定運動が起こり（第1章参照），元会員の一人が保谷市の運動の世話人を務めた。また，別の元会員の一人は，合併後の西東京市が発行する男女平等推進情報誌の編集に携わった。どんぐり会が培った，住民の市政への参加意識は失われていない。どんぐり会の成果と教訓を生かした新しい運動が西東京市において生まれることを期待したい。

1　以下，『どんぐり』からの引用表示は，号数と発行年のみを示す。また，以前の活動を回顧する記事を引用することがあるため，実際の活動の時期と引用記事のそれとが一致しないことがある。
2　『国勢調査報告』による。
3　社会教育法にもとづき，公民館には地域住民の意見を反映する公民館運営審議会を設置しなければならない。公民館運営審議会は，公民館事業全体の企画・実施について公民館長に助言し，公民館運動の充実・発展のために尽くす。また，公民館長の任命に際し，教育委員会はあらかじめ公民館運営審議会の意見を聞かなければならない。
4　1975年1月1日付『市報たなし』。
5　元会員への聞取り調査による。
6　以下は，2005年9月に行った元会員への聞取り調査による。この元会員は，1956年に旧保谷町に移り住み，1970年代の保谷市図書館建設運動をきっかけとして，どんぐり会に入会した。以後，『どんぐり』の保谷市の記事取材・作成を一人で担った。
7　1979年4月18日付『読売新聞』武蔵野版。
8　1996年10月2日付『朝日新聞』武蔵野版。
9　とくに政治学者の松下圭一氏は，どんぐり会にカンパをするなど，支援者的存在であり，代表が松下氏に電話で相談することもあったという。
10　以下は，2005年10月に行った，元田無市職員への聞取り調査による。この元職員は，市民課・税務課・議会事務局などに勤務し，1995年に50歳で退職した。「役所の中が分かる立場になった最後の10年間で，代表と親しくなった」と言う。
11　2005年10月に行った，元保谷市図書館長への聞取り調査によれば，保谷市役所でも同様であった。
12　1996年10月30日付『週刊東興通信』。この新聞は有限会社東興通信社が1958年に創刊したローカル紙である。旧田無市・保谷市を中心に10万3千部が発行されていたが，2008年に休刊した。

13　在職当時，社会党に所属し，西東京市議会副議長も務めた。2005年10月における電子メールでの聞取り調査による。
14　会員の一人が1971年の田無市議会議員選挙で当選し，以後4期務めたが，初出馬時にどんぐり会規則に従い退会している。
15　各選挙の選挙公報による。
16　1996年10月30日付『週刊東興通信』。
17　1996年10月30日付『週刊東興通信』。
18　元会員への聞取り調査による。
19　1996年10月30日付『週刊東興通信』。
20　元会員への聞取り調査による。
21　1985年の田無市では42.7％，保谷市では45.5％に達した。『国勢調査報告』による。

文　献

●はじめに

國分功一郎 2013.『来るべき民主主義　小平市都道 328 号線と近代政治哲学の諸問題』幻冬舎.
原　武史 2012.『団地の空間政治学』NHK 出版.
若林幹夫 2007.『郊外の社会学』筑摩書房.

●コラム 1

礒崎初仁・金井利之・伊藤正次 2014.『ホーンブック　地方自治（第 3 版）』北樹出版.
伊手健一 1991. 政治権力. 大学教育社編『現代政治学事典』ブレーン出版.
猪口　孝 2000. 政治学. 猪口　孝ほか編著『政治学事典』弘文堂.
神谷浩夫・梶田　真・佐藤正志・栗島英明・美谷　薫編著 2012.『地方行財政の地域的文脈』古今書院. （序章）
杉田　敦 2000. 権力. 猪口　孝ほか編著『政治学事典』弘文堂.
スミス, D. M. 著, 竹内啓一監訳 1985.『不平等の地理学』古今書院. Smith, D. M. 1979. Where the grass is greener : living in an unequal world. London : Penguin Books.（序章）
村松岐夫 1991. 行政. 大学教育社編『現代政治学事典』ブレーン出版.

●序章

阿部亮吾 2003. フィリピン・パブ空間の形成とエスニシティをめぐる表象の社会的構築―名古屋市栄ウォーク街を事例に．人文地理 55：307–329.
阿部亮吾 2005. フィリピン人女性エンターテイナーのパフォーマンスをめぐるポリティクス―ミクロ・スケールの地理に着目して．地理学評論 78：951–975.
新井祥穂・飯嶋曜子 2000. 変革期地方行政に関する研究動向と地理学的視点―イギリスの事例を中心として―．人文地理 52：341–356.
新井智一 2015. 学会展望：政治地理（地方自治・福祉などを含む）．人文地理

67：216–218.

荒山正彦・大城直樹編著 1998.『空間から場所へ―地理学的想像力の探求』古今書院.

池谷和信 2003.『山菜採りの社会誌―資源利用とテリトリー―』東北大学出版会.

石山徳子 1999. 公正な地理と社会を求めて―米国における環境正義の研究動向―. 日本女子大学大学院文学研究科紀要 6：49–60.

石山徳子 2005.『米国先住民族と核廃棄物』明石書店.

岩田孝三 1953.『境界政治地理学』帝国書院.

岩田孝三 1958.『政治地理』帝国書院.

大城直樹・丹羽弘一・荒山正彦・長尾謙吉 1993. 1980 年代後半の人文地理学にみられるいくつかの傾向―イギリスの最近の教科書から―. 地理科学 48：91–103.

香川雄一 2001. 高度経済成長期の水島における工業都市化とロカリティの変容. 地学雑誌 110：314–338.（第 1 章）

香川雄一 2003. 和歌山における公害反対運動の地域的展開. 人文地理 55：43–57.

梶田 真 2011a. Bleddyn Davies の研究と英語圏地理学における受容. 地理学評論 84A：99–117.

梶田 真 2011b. 1980 年代における Bennett, R. J. の研究の展開とその批判―財政地理学・行政地理学の一つの探求―. 経済地理学年報 57：181–202.

梶田 真 2012a. 1980 年代以降のイギリス医学・健康地理学における政策志向的研究の展開. 人文地理 64：142–164.

梶田 真 2012b. イギリス地理学における政策論的（再）転回をめぐる議論. 地理学評論 85A：362–382.

片柳 勉 2002.『市町村合併と都市地域構造』古今書院.（第 1 章）

影山穂波 2000.『都市空間とジェンダー』古今書院.（第 7 章）

金菱 清 2001. 大規模公共施設における公共性と環境正義―空港不法占拠地区をめぐって―. 社会学評論 52：413–429.

木内信蔵編著 1968.『政治地理学』朝倉書店.

国松久弥 1957.『政治地理学概論』風間書房.

小林 茂 1992. 生業活動研究の発展と文化地理学. 人文地理 44：476–493.

島田周平 2007.『アフリカ 可能性を生きる農民 環境―国家―村の比較生態研

究』京都大学学術出版会.

清水馨八郎 1960. 現代政治地理学への三つの課題―社会科学としての地理学の脱皮を期待して―. 日本政治地理学会編『政治地理 第Ⅰ集』1-22. 日本政治地理学会.

清水馨八郎・谷岡武雄・西村嘉助編著 1966. 『応用地理学とその課題』大明堂.

清水馨八郎 1968. 政治と地域―地方行政区・選挙区の問題. 木内信蔵編著『政治地理学』91-100. 朝倉書店.

ジャクソン, W. A. D.・横山昭市 1979. 『政治地理学』大明堂.

ジャクソン, P. 著, 徳久球雄・吉富 亨訳 1999. 『文化地理学の再構築』玉川大学出版部. Jackson, P. 1989. *Maps of meaning : an introduction to cultural geography*. London : Unwin Hyman.

ジョンストン, R. J. 著, 竹内啓一監訳, 高田普久男訳 2002. 『場所をめぐる問題―人文地理学の再構築のために―』古今書院. Johnston, R. J. 1991. *A question of place : exploring the practice of human geography*. Oxford : Blackwell.

進藤久美子 2004. 『ジェンダーで読む日本政治』有斐閣.（第7章）

水津一朗 1971. ラッツェル国家論―「大地と結ばれた国家有機体」説について―. 地理 16-8：69-76.

杉浦真一郎 2005. 『地域と高齢者福祉』古今書院.

椙村大彬 1968. 政治地理学・地政学の概念と, 地理学と政治科学の交界領域. 日本政治地理学会編『政治地理 第Ⅲ集』1-48. 日本政治地理学会.

杉山和明 2002. 社会問題のレトリックからみた「有害」環境の構築と地理的スケール―富山県におけるテレホンクラブ等規制問題から. 地理学評論 75：644-666.

高木彰彦編著 2002. 『日本の政治地理学』古今書院.

高木彰彦 2005. 地政学と言説. 水内俊雄編著『空間の政治地理』1-23. 朝倉書店.

竹内啓一 1974. 日本におけるゲオポリティクと地理学. 一橋論叢 72：169-191.

竹内啓一 1980. ラディカル地理学運動と「ラディカル地理学」. 人文地理 32：428-452.

竹内啓一 1986. ゲオポリティクの復活と政治地理学の新しい展開―ゲオポリティク再々考―. 一橋論叢 96：523-546.

テイラー, P. J. 著, 高木彰彦訳 1991. 『世界システムの政治地理（上）』大明堂.

Taylor, P. J. 1989. *Political geography : world-economy, nation-state, and locality 2nd ed*. London : Longman Scientific and Technical.

テイラー，P. J. 著，高木彰彦訳 1992.『世界システムの政治地理（下）』大明堂．Taylor, P. J. 1989. *Political geography : world-economy, nation-state, and locality 2nd ed*. London : Longman Scientific and Technical.

西川　治 1971. 行政区域の再編成と地理学的地域―道州制構想の是非を論ずる：総括．地理学評論 44：136-139.

西田和夫・近田武弘 1963. 地政学の発生的要因と政治地理学に与えた影響．日本政治地理学会編『政治地理　第Ⅱ集』19-29．日本政治地理学会．

日本政治地理学会編 1960.『政治地理　第Ⅰ集』日本政治地理学会．

ノックス，P.・ピンチ，S. 著，川口太郎ほか訳 2013.『改訂新版　都市社会地理学』古今書院．Knox, P. and Pinch, S. 2010. *Urban social geography : an introduction, 6th ed*. New York : Pearson Prentice Hall.

ハーヴェイ，D. 著，竹内啓一・松本正美訳 1980.『都市と社会的不平等』日本ブリタニカ．Hervey, D. 1973. *Social justice and the city*. London : Edward Arnold.

林　正巳 1961.『市町村の政治』古今書院．

林　正巳 1970.『府県合併とその背景』古今書院．

林　正巳 1974. 行政区域の広域改編についての研究．新潟大学教育学部高田分校研究紀要 19：65-144.（第 1 章）

林　正巳・実　清隆 1980.『町村の広域化と地方自治』古今書院．

原口　剛 2003.「寄せ場」の生産過程における場所の構築と制度的実践―大阪・「釜ヶ崎」を事例として．人文地理 55：121-143.

原口弥生 1997. マイノリティによる「環境正義」運動の生成と発展―アメリカにおける新しい動向―．社会学論考（東京都立大学社会学研究会）18：107-129.

原口弥生 1999. 環境正義運動における住民参加政策の可能性と限界―米国ルイジアナにおける反公害運動の事例―．環境社会学研究 5：91-103.

原口弥生 2000.「当事者はずし」としての環境汚染地買収と住民移転―米国「ガン街道」における環境汚染と人種差別―．環境社会学研究 6：192-199.

バージェス，J.・ゴールド，J. 編著，竹内啓一監訳 1992.『メディア空間文化論―メディアと大衆文化の地理学―』古今書院．Burgess, J. and Gold, J. eds. 1985. *Geography, the media and popular culture*. London : Croom Herm.

久武哲也 2000．『文化地理学の系譜』地人書房．

ピンチ，S．著，神谷浩夫訳 1990．『都市問題と公共サービス』古今書院．Pinch, S. 1985. *Cities and services : the geography of collective consumption*. London : Routledge and Kegan Paul.

ピンチ，S．著，神谷浩夫監訳 2001．『福祉の世界』古今書院．Pinch, S. 1997. *Worlds of welfare : understanding the changing geographies of social welfare provision*. London : Routledge.

藤岡悠一郎 2008．ナミビア北部農村における社会変容と在来果樹マルーラ（Sclerocarya birrea）の利用変化─人為植生をめぐるポリティカル・エコロジー─．人文地理 60：197-216．

マッシィ，D．著，富樫幸一・松橋公治監訳 2000．『空間的分業─イギリス経済社会のリストラクチャリング』古今書院．Massey, D. 1995. *Spatial divisions of labour : social structures and the geography of production, 2nd ed*. Basingstoke : Macmillan.

水内俊雄編著 2005．『空間の政治地理』朝倉書店．

水岡不二雄 1974．現代地理学における「地政学」の復活．経済（新日本出版社）119：175-196．

宮澤　仁 1996．東京都千代田区における区立小学校の「再編成」と住民運動の展開．地理科学 51：109-126．

村田陽平 2002．男性・異性愛をめぐる空間のポリティクス─1999年の「西村発言」問題を事例に─．人文地理 54：557-575．

村田陽平 2009．『空間の男性学─ジェンダー地理学の再構築』京都大学学術出版会．

森川　洋 1989．わが国における府県内行政所管区域と計画地域．経済地理学年報 35：295-311．

森川　洋 1990．広域市町村圏と地域的都市システムの関係．地理学評論 63A：356-377．

森川　洋 2008．『行政地理学研究』古今書院．

森川　洋 2015．『「平成の大合併」研究』古今書院．

森滝健一郎 1971．現代地域科学批判序説．経済地理学年報 17：1-18．

山口　晋 2002．大阪・ミナミにおけるストリート・パフォーマーとストリート・アーティスト．人文地理 54：173-189．

山口　晋 2008.「ヘブン・アーティスト事業」にみるアーティストの実践と東京都の管理．人文地理 60：279-300．

山﨑孝史 2001．英語圏政治地理学の争点．人文地理 53：532-555．（第 1 章）

山﨑孝史 2005a．安保「再定義」の地政的コンテクスト―ポスト冷戦期における日本と米軍のプレゼンス―．人文研究（大阪市立大学）56：171-186．

山﨑孝史 2005b．『戦後沖縄における社会運動と投票行動の関係性に関する政治地理学的研究（平成 15 年度～平成 16 年度科学研究費補助金基盤研究（C）(2) 研究成果報告書）』大阪市立大学大学院文学研究科地理学教室．（第 3 章，第 4 章）

山野正彦 1972．F. Ratzel の再評価に関する一つの試み―「位置」及び「空間」概念を中心に―．人文地理 24：241-267．

吉田容子 2004．ジェンダー研究と地理学．水内俊雄編『空間の社会地理』59-79．朝倉書店．

吉田容子 2006．地理学におけるジェンダー研究―空間に潜むジェンダー関係への着目―．E-journal GEO 1-0：22-29．（第 7 章）

吉田容子 2007．ジェンダー．上野和彦・椿　真知子・中村康子編著『地理学概論』111-113．朝倉書店．

寄藤晶子 2005．愛知県常滑市における「ギャンブル空間」の形成．人文地理 57：131-152．

Bolin, B., Hackett, E., Matranga, E., Nelson, A., O'Donnell, M., Pijawka, K., Sadalla, E., Sicotte, D., Smith, C. 2002. The ecology of technological risk in a Sunbelt city. *Environment and Planning A* 34：317-339.

Cooke, P. 1989. *Localities : the changing face of urban Britain*. London : Unwin Hyman. （第 1 章）

Gandy, M. 1997. The making of a regulatory crisis : Restructuring New York City's water supply. *Transactions of the Institute of British Geographers NS* 22：338-358.

Grossman, L. 1992. Pesticides, caution, and experimentation in St. Vincent, Eastern Caribbean. *Human Ecology* 20：315-336.

Lake, R. 1996. Volunteers, NIMBYs, and environmental justice : dilemmas of democratic practice. *Antipode* 28-2：160-174.

Martin, D. 2000. Constructing place : cultural hegemonies and media images of an inner-city neighborhood. *Urban Geography* 21 : 380–405.

McCarthy, J. 2005. Devolution in the woods : Community forestry as hybrid neoliberalism. *Environment and Planning A* 37 : 995–1014.

McMaster, R., Leitner, H. and Sheppard, E. 1997. GIS-based environmental equity and risk assessment : Methodological problems and prospects. *Cartography and Geographic Information Systems* 24–3 : 172–189.

Miller, B. 2000. *Geography and social movements*. Minneapolis : University of Minnesota Press.（第 5 章）

Mitchel, D. 2000. *Cultural geography : a critical introduction*. London : Blackwell.

Mitchel, K. 1996. Visions of Vancouver : ideology, democracy, and the future of urban development. *Urban Geography* 17 : 478–501.

Pulido, L. 2000. Rethinking environmental racism : white privilege and urban development in Southern California. *Annals of Association of American Geographers* 90 : 12–40.

Routledge, P. 1992. Putting politics in its place Baliapal, India, as a terrain of resistance. *Political Geography* 11 : 588–611.（第 3 章）

Swyngedouw, E. 1997. Power, nature, and the city. The conquest of water and the political ecology of urbanization in Guayaquil, Ecuador : 1880–1990. *Environment and Planning A* 29 : 311–332.

●第 1 章
石川島播磨重工業株式会社航空宇宙事業本部空本史編纂プロジェクト編 1987.
　『IHI 航空宇宙 30 年の歩み』石川島播磨重工業株式会社航空宇宙事業本部.
木部正雄 1985.『激動の田無市政 16 年　施政方針集』田無市広報課.
酒匂一雄 2000. 東京都田無市・保谷市合併の「市民意向調査」が終わって　田無市民が投げかけたもの. 住民と自治 451：34–37.
産業学会編 1995.『戦後日本産業史』東洋経済新報社.
末木達男 2001.『上農人生まっしぐら』自費出版.
田無市議会事務局編 1990.『田無市議会会議録　平成 2 年第 3 回定例会』田無市議会事務局.
田無市史編さん委員会編 1995.『田無市史　第三巻通史編』田無市企画部市史編さ

ん室．（第7章）

徳本正彦 1991．『北九州市成立過程の研究―合併論・合併運動を中心として―』九州大学出版会．

西東京市企画部企画課編 2001．『田無市・保谷市合併の記録』西東京市．

保谷市議会編 1990．『保谷市議会会議録　平成2年第3回定例会』保谷市議会．

保谷市史編さん委員会編 1989．『保谷市史　通史編三　近現代』保谷市史編さん委員会．

松内則之 2000．合併の是非は住民投票で　住民投票を求める田無市民の会．住民と自治 448：50-53．

丸山康人 2001．『自治・分権と市町村合併』イマジン出版．

三宅一郎・村松岐夫 1981．『京都市政治の動態』有斐閣．

Painter, J. 2000. Locality. In *The dictionary of human geography*, 4th ed, ed. Johnston, R. J., Gregory, D., Pratt, G. and Watts, M., 456–458. Oxford : Blackwell.

●第2章

秋川市史編纂委員会編 1983．『秋川市史』秋川市．

秋川市 1981．『秋川市まちづくり10か年計画書』秋川市．

秋川市 1988．『秋川市グリーンフロント秋川構想』秋川市．

あきる野市企画財政部合併管理室 1996．『秋川市・五日市町合併の記録―あきる野市誕生―』あきる野市．

五日市町史編さん委員会編 1976．『五日市町史』五日市町．

五日市町 1979．『五日市町長期総合計画後期基本計画』五日市町．

国土庁 1976．『第3次首都圏基本計画』国土庁．

塚田博康 2002．『東京都の肖像―歴代知事は何を残したか―』都政新報社．

東京都 1971．『広場と青空の東京構想』東京都．

東京都新都市建設公社 1980．『秋多都市計画再検討調査報告書』東京都．

東京都 1982．『東京都長期計画』東京都．

東京都 1986．『第2次東京都長期計画』東京都．

東京都都市計画局 1991．『秋留台地域総合整備計画策定調査報告書』東京都．

東京都 1993．『秋留台地域総合整備計画』東京都．

西多摩地域広域行政圏 1985．『西多摩地域広域行政圏計画』西多摩地域広域行政圏．

横道清孝・村上　靖 1993a．市町村合併の実証的分析（一）．自治研究 69-6：65-85．

横道清孝・村上　靖 1993b．市町村合併の実証的分析（二・完）．自治研究 69-7：67-85．

横道清孝・和田公雄 2000．平成の市町村合併の実証的分析（上）．自治研究 76-12：110-123．

横道清孝・和田公雄 2001．平成の市町村合併の実証的分析（下）．自治研究 77-7：118-129．

●コラム3
茨城県鹿嶋市編 1996．『鹿島町・大野村合併の記録』茨城県鹿嶋市．
茨城大学地域総合研究所編著 1974．『鹿島開発』古今書院．

●第3章
荒居直人 2002．『ゴーゴー福生』クレイン．
石川常太郎 1984．『回想—五千八百四十日』自費出版．
梅林宏道 2002．『在日米軍』岩波書店．
SSC・フリックスタジオ編 2001．『東京リノベーション』廣済堂出版．
小田光雄 2000．郊外文学の発生．若林幹夫・三浦　展・山田昌弘・小田光雄・内田隆三『「郊外」と現代社会』139-173．青弓社．
坂野正人 1980．『坂野正人写真集　トーキングアバウトフッサ』写真通信社．
中国新聞社編 1996．『基地イワクニ』中国新聞社．
東京都商工指導所編 1962．『福生町商業立地総合診断報告書』福生町役場．
東京都商工指導所編 1971a．『昭和45年東京都福生市広域商業診断報告書　第2部ブロック別診断　横田商栄会商店街』福生市．
東京都商工指導所編 1971b．『昭和45年東京都福生市広域商業診断報告書　第2部ブロック別診断　福生武蔵野商栄会商店街』福生市．
東京都商工指導所編 1980．『昭和54年度福生市国道16号線沿商店街診断報告書』東京都商工指導所．
東京都商工指導所商業部編 1997．『平成8年度福生市国道16号線沿商店街診断報告書　横田商栄会：福生武蔵野商店街振興組合』東京都商工指導所商業部．

土岐　寛 1976a．基地と自治体（上）―三沢市の事例―．都市問題 67-3：74-91.
土岐　寛 1976b．基地と自治体（下）―三沢市の事例―．都市問題 67-4：79-93.
中島　武 2004.『ハングリー』講談社.
橋本孝蔵 1965．福生町．新都市 19-11：41-43.
福生市企画財政部秘書広報課 2006.『福生市と横田基地』福生市．（第 4 章）
福生市史編さん委員会編 1993.『福生市史　資料編現代』福生市.
福生市史編さん委員会編 1994.『福生市史　下巻』福生市.
福生町誌編集委員会編 1960.『福生町誌』福生町.
松山　薫 1997．関東地方における旧軍用飛行場跡地の土地利用変化．地学雑誌 106：332-355.
村上　龍 1978.『限りなく透明に近いブルー』講談社.
山本理佳 2005．佐世保市行政による軍港像の創出― 1960 年代の米軍原子力艦艇寄港反対運動をめぐって―．地理学評論 78：634-648.
琉球新報社編 2003.『ルポ軍事基地と闘う住民たち　日本・海外の現場から』日本放送出版協会.
Painter, J. 1995. *Politics, geography and 'political geography' : A critical perspective*. London : Arnold.
Yamazaki, T. 2003. Politicizing territory : the transformation of land struggle in Okinawa, 1956. 人文研究（大阪市立大学）54（第 3 分冊）：31-65.

●第 4 章
昭島市企画部企画課 1975.『続　基地とあきしま』昭島市.
昭島市企画部基地・渉外担当 1998.『基地とあきしま』昭島市.
昭島市議会史編さん委員会 1986.『昭島市議会史』昭島市議会.
澤　未知子 1979.『基地騒音に失われたまち』陽光出版社.
前田哲男 2000.『在日米軍基地の収支決算』筑摩書房.
瑞穂町議会事務局 1997.『みずほ町議会だより集録版』瑞穂町.
瑞穂町史編さん委員会 1974a.『瑞穂町史』瑞穂町.
瑞穂町史編さん委員会 1974b.『瑞穂小史』瑞穂町.
瑞穂町企画課渉外係 2004.『瑞穂町と横田基地』瑞穂町.
横田基地公害訴訟団・横田基地公害訴訟弁護団 1994.『横田基地公害訴訟終結記念

「静かな夜を返せ」――基地公害の根絶を目指して』横田基地公害訴訟団・横田基地公害訴訟弁護団.
横田基地公害訴訟弁護団 1977.『横田基地公害訴訟記録（第1集）』横田基地公害訴訟弁護団.

● 第5章

淺野敏久 2009. 市民・住民運動を通じてとらえる環境問題. 竹中克行・大城直樹・梶田　真・山村亜希編著『人文地理学』251–270. ミネルヴァ書房.
栗島英明 2004. 東京都，埼玉県における一般廃棄物の処理圏とその再編動向. 季刊地理学 56：1–18.
栗島英明 2009. ごみの行く末をたどる. 地理 54–8：60–71.
埼玉西部・水と土をまもる会 2005.『産廃銀座に挑んだ住民たち』合同出版.
中澤高師 2009. 廃棄物処理施設の立地における受苦の「分担」と「重複」――受益圏・受苦圏論の新たな視座への試論―. 社会学評論 59：787–804.
船橋晴俊 1985. 社会問題としての新幹線公害. 船橋晴俊・長谷川公一・畠中宗一・勝田晴美『新幹線公害』61–94. 有斐閣.
舩橋晴俊 2001. 環境問題の社会学的研究. 飯島伸子・鳥越皓之・長谷川公一・舩橋晴俊編『環境社会学の視点』29–62. 有斐閣.
山﨑孝史 2005c. グローバルあるいはローカルなスケールと政治. 水内俊雄編著『空間の政治地理』24–44. 朝倉書店.
山﨑孝史 2009. 地理と政治を結びつける言説. 竹中克行・大城直樹・梶田　真・山村亜希編著『人文地理学』125–143. ミネルヴァ書房.
寄本勝美 1990.『ごみとリサイクル』岩波書店.
Smith, N. 2000. Scale. In *The dictionary of human geography*, 4th ed, ed. Johnston, R. J., Gregory, D., Pratt, G. and Watts, M., 724–727. Oxford：Blackwell.

● 第6章

秋場良宣 2006.『サントリー　知られざる研究開発力』ダイヤモンド社.
国際調査ジャーナリスト協会 2004.『世界の＜水＞が支配される！――グローバル水企業の恐るべき実態―』作品社.
清水大介 2008. ミネラルウォーターの工場を訪ねて――サントリー天然水白州工場―.

地理 53-3：45-49.
地下水を守る会 1993. 『やさしい地下水の話』北斗出版.
中村靖彦 2004. 『ウォーター・ビジネス』岩波書店.
白州町誌編纂委員会 1986. 『白州町誌』白州町.
バーロウ，M.・クラーク，T. 著，鈴木主税訳 2003. 『「水」戦争の世紀』集英社.
　　Barlow, M. and Clarke, T. 2002. *Blue gold*. Toronto : Stoddart Publishing.
山梨日日新聞社 2004. 『白州町誌この二十年』白州町.

●第 7 章
天野正子 1996. 『「生活者」とはだれか』中央公論社.
伊藤　守・杉原名穂子・松井克浩・渡辺　登 2005. 『デモクラシー・リフレクション：巻町住民投票の社会学』リベルタ出版.
大沢真理 2002. 『男女共同参画社会をつくる』日本放送出版協会.
佐藤慶幸 1988. 『女性たちの生活ネットワーク』文眞堂.
田無市史編さん委員会 1992. 『田無市史　第二巻近代・現代資料編』田無市企画部市史編さん室.
玉野和志 2000. 地域女性の教育文化運動．人文学報（東京都立大学）309：27-57.
橋本玲未 2003. 西東京市柳沢住宅にみる旧工場従業員住宅地の変遷と周辺地域への影響．理論地理学ノート 13：29-54.
町村敬志・吉見俊哉編著 2005. 『市民参加型社会とは―愛知万博計画過程と公共圏の再創造―』有斐閣.
矢澤澄子 1999. 女たちの市民運動とエンパワーメント―ローカルからグローバルへ―．鎌田とし子・矢澤澄子・木本喜美子編『講座社会学 14　ジェンダー』249-289．東京大学出版会.
渡辺　登 2002.「郊外的生活様式」の存立可能性―生活者ネットワーク運動を事例として―．都市問題 93-5：35-50.

各章のもととなった論文の初出は以下の通りである．

序章	書き下ろし
第1章	新井智一 2003．東京都田無市と保谷市におけるロカリティの変化と両市の合併．地理学評論 76：555-574．
第2章	新井智一 2010．東京都による秋留台地域開発計画からみたあきる野市の合併．埼玉大学紀要（教養学部）46-2：13-20．
第3章	新井智一 2005．東京都福生市における在日米軍横田基地をめぐる「場所の政治」．地学雑誌 114：767-790．
第4章	新井智一 2007．在日米軍横田基地所在地域における軍用機騒音問題．地学雑誌 116：275-286．
第5章	新井智一 2011．東京都小金井市における新ごみ処理場建設場所をめぐる問題．地学雑誌 120：676-691．
第6章	新井智一・福石　夕・原山道子 2011．山梨県白州町の地下水をめぐるポリティカル・エコロジー．E-journal GEO 5：125-137．
第7章	新井智一 2008．東京都田無市・保谷市における女性によるローカルな自治の追求．埼玉大学紀要（教養学部）44-1：1-13．
コラム3	Arai, T. 2004. Relationships of change in locality in the Kashima seaside district. *Geographical Reports of Tokyo Metropolitan University* 43：27-34.
コラム1・2・4	書き下ろし

あとがき

　序章で述べたように，欧米の文化・社会地理学の理論的動向を摂取した日本の政治地理学では1990年代末以降，権力過程や差異に目を向けた研究が行われてきた。そこでは，若者，女性，外国人，日雇い労働者などをめぐる問題とその政治に焦点が当てられた。
　また日本の行政地理学では，2000年代の「平成の大合併」をきっかけに，行政事務の民間委託，ゴミ処理，保育，高齢者福祉といった行政サービスの事例研究が蓄積されてきた。ただしわたしは，そうしたサービス供給をめぐる政治過程を明らかにするのは難しいにしても，議会や住民がそうしたサービスをどのようにとらえているかということに踏み込んでいないのではないか，「政治」を検討する余地は本当にないのか，という疑問も示した。
　一方，欧米の政治地理学では，「場所」がどのように政治行動を生み出し，そうした政治がどのように「場所」を形づくるのかを問う「場所の政治」研究が興隆した。「新しい地誌学」を目指したロカリティ研究もこの流れと符合することは，序章で述べた通りである。
　こうした動向をふまえた上で，本書は東京大都市圏郊外（縁辺部を含む）の地方自治体を対象とし，都市合併，米軍基地，新ごみ処理場建設，地下水採取といった行政課題を取り上げ，これらをめぐる政治を実証的に明らかにした。その際，郊外自治体の政治を歴史的に遡り，自治体が過去の都市問題をどのように乗り越えてきたのか，「まえがき」で述べた「古い層」の政治的側面を明らかにするよう努めた。
　東京大都市圏郊外の自治体が高度経済成長期に直面した最大の都市問題は，言うまでもなく人口の急増であった。これに対し，田無市・保谷市は住民および大企業からの税収増で乗り切るも，バブル経済崩壊以降，そうした成長が期待できなくなったことから，両市の合併に舵を切った。
　また，郊外周辺部に位置する秋川市・五日市町も，東京都が郊外における過密の解消のために唱導した「自立都市」を目指して合併したものの，バブ

ル経済の崩壊は，そうした目標の達成を不可能にした。

　同じ郊外と言っても在日米軍基地が所在する福生市は，第二次大戦終戦以降，一貫して横田基地の存在に依存してきた。福生市ほど「恩恵」を受けない他の基地所在自治体にとっても，人口増加に伴い財政需要が増大する中で，同基地関連の補助金がもたらされる意味は小さくなかった。

　一方小金井市では，高度経済成長期に作られたごみ処理場の老朽化に伴い，新たなごみ処理場の建設場所をめぐる政治が，また東京大都市圏縁辺部の自治体でも，大都市圏の新たな水需要を背景とする政治が展開されてきた。

　このように地域に根ざした政治がそれぞれの場所の特性を帯びつつ展開されてきたものの，そうした政治は，議会を中心としてみると，男性中心的なものであった。これに対し，機関誌の発行という手段によって女性の声を集めて行政に訴え，また女性の視点から行政を監視した運動も郊外で見られた。

　加えて，そうした政治の過程は，「グローバル化」，「環境正義」，「ポリティカル・エコロジー」，「ジェンダー」のような，地理学のみならず社会科学全般において議論されている重要概念によって解釈することができる。

　ただし，こうした知見をふまえた上で，高度経済成長期以降の東京大都市圏郊外がどのような場所であったのかを結論づけることは，取り上げた行政課題と自治体の数が限られているため，本書では難しい。

　また本書は，こうした知見をふまえた上で何らかの政策提言を行うような「役に立つ」ことも意図していない。個人的な回想になるが，このことを考えるときわたしは，大学院の博士課程の入試で，「地理学は都市計画のような分野と違い，政策に直接かかわるような学問ではない」と，のちの博士論文の先生に喝破されたことや，この面接試験のことを大学院の先輩に話したときに，「『役に立つ』研究をしたいという誘惑に駆られることも多いけれど，人文地理学は社会や地域を正しく理解・認識するための基礎科学のようなものだと開き直ったほうがいい」と言われたことを思い出す。本書はそうした開き直りの産物である。

　地理学は，ある場所や地域を理解するための学問であり，本書はそのために政治の分析に重きを置いたにすぎない。「来し方行く末」という言葉があるが，地理学はその場所の「来し方」しか明らかにできない。他の学問分野

あるいは自治体の政策にかかわる部署などにおいて「行く末」を考える人がまずその場所を正しく理解するために，地理学の研究が役に立てばいい。

一方で，地理学を研究する者がどのような視点で場所を検討しているのか，すなわち現象を地図を通じて考える「分布」や，「空間スケール」といった視点を，本書は含んでいるものの強調することはできなかった。地域を検討する学問は地理学だけではないため，地理学を研究する者は社会学者などと違いどのような視点で地域を検討するのかを初学者に伝える本をいつか書いてみたいと思っている。

本書が役に立つことを意図していないといっても，ローカルな政治について考えるとき，わたしはいつも民主主義とは何かということを考える。この文章を書いているときも，東京都の豊洲新市場での土壌汚染対策をめぐり，都議会のチェック機能が働かなかったことや，富山市議会で政務活動費をめぐり大量の辞職者が出たことなどが報じられている。自分の住む自治体の議会でどのようなことが話し合われているのかを知り，どのように政治（決めること）に参画できるのかを考え続けることは重要である。国政をめぐる民主主義のあり方を考える上でも，まずローカルな民主主義について徹底的に考え，そこでの方法論を国政に持ち込むという方法もあるであろう。いま一度，地方自治は民主主義の学校である，というトクヴィルの言葉を噛みしめたい。本書で見たように，こうした政治が「場所」を形づくるのであるから。

本書の刊行にあたっては，日本地理学会に助成を申請したものの不受理となった。理由も書かれていない紙切れ一枚でそれが通知されたことと，本書の地理学的価値が評価されなかったことは大変残念である。

かわりに，公益財団法人横浜学術教育振興財団の助成を受けることができた。同財団にこの場を借りて厚くお礼申し上げる。本書が地理学を飛び越えて多くの人に読まれることを願いつつ，筆を置きたい。

海の向こうでトランプ氏当選の一報を聞きつつ
新井智一

●著者略歴…………

新井智一（あらい　ともかず）

1977年神奈川県生まれ。
東京都立立川高等学校，埼玉大学教養学部を経て，
東京都立大学大学院理学研究科地理科学専攻博士課程修了（2006年）。博士（理学）。
横須賀市都市政策研究所登録研究員，大妻女子大学社会情報学部・埼玉大学教養学部・神奈川大学人間科学部・首都大学東京都市環境学部・放送大学教養学部・東京都市大学共通教育部非常勤講師を経て，
現在，桜美林大学リベラルアーツ学群・関東学院大学経済学部非常勤講師。
専門は人文地理学，政治・行政地理学。

大都市圏郊外の新しい政治・行政地理学
── 米軍基地・環境・ジェンダー

● …………2017年3月31日　第1版第1刷発行

著者………新井智一
発行者………串崎　浩
発行所………株式会社 日本評論社
　　　　　　〒170-8474　東京都豊島区南大塚3-12-4
　　　　　　電話 03-3987-8621（販売）　振替 00100-3-16
　　　　　　https://www.nippyo.co.jp/
装幀………神田程史
印刷所………平文社
製本所………松岳社

Ⓒ T. ARAI　2017
ISBN978-4-535-58709-0

〈(社)出版者著作権管理機構委託出版物〉
本書の無断複写は著作権法上での例外を除き禁じられています。複写される場合は、そのつど事前に、(社)出版者著作権管理機構（電話 03-3513-6969、FAX 03-3513-6979、e-mail: info@jcopy.or.jp）の許諾を得てください。また、本書を代行業者等の第三者に依頼してスキャニング等の行為によりデジタル化することは、個人の家庭内の利用であっても、一切認められておりません。